06/2006

Oskar Wächter

VEHMGERICHTE
und
HEXENPROZESSE
in Deutschland

REPRINT – VERLAG
LEIPZIG

Bibliografische Information Der Deutschen Bibliothek
Die Deutsche Bibliothek verzeichnet diese Publikation in der
Deutschen Nationalbibliografie; detaillierte bibliografische
Daten sind im Internet über http://dnb.ddb.de abrufbar.

© **REPRINT-VERLAG-LEIPZIG**
Volker Hennig, Goseberg 22-24, 37603 Holzminden
www.reprint-verlag-leipzig.de
ISBN 3-8262-2300-4

10. Reprintauflage der Originalausgabe von 1882
nach dem Exemplar des Verlagsarchives

Lektorat: Andreas Bäslack, Leipzig
Einbandgestaltung: Jens Röblitz, Leipzig
Gesamtfertigung: PögeDruck, Leipzig

Deutsche

Hand- und Hausbibliothek

Collection Spemann

Vehmgerichte

und

Hexenprozesse

in Deutschland

Nach den Quellen dargestellt

von

Oskar Wächter

Stuttgart

Verlag von W. Spemann

Inhalt.

Vorwort.

Vehmgerichte und Hexenprozesse gehören einer längstentschwundnen Zeit an. Aber, von weittragender Bedeutung für ganz Deutschland, werfen sie Licht und Schatten über vier Jahrhunderte unsrer Geschichte. Und sind sie nicht heute noch von allgemeinem Interesse? Wer hätte nicht schon von Vehme und von Hexen gehört und gelesen? In Romanen und Dramen, in allerlei Erzählungen der Fremdenführer, in Sagen und Beschreibungen tauchen sie immer wieder auf. Und in der That haben diese mittelalterlichen Erscheinungen etwas ungemein Fesselndes bei aller unheimlichen Macht, welche sie auf das Gemüt des Hörers üben. Aber die Wenigsten wissen, wie es damit wirklich sich verhielt. Unkenntnis und Mangel an historischem Sinn ließen ein Gestrüppe irriger Vorstellungen aufwuchern, durch welche der wahre Sachverhalt vielfach entstellt und getrübt wurde.

Während die Vehmgerichte eine der großartigsten und ehrwürdigsten Gestaltungen des deutschen Volksgeistes mit Recht genannt worden sind, führen die Hexenprozesse tief in die Nachtseite der Menschheit und zeigen die finsterste Entartung eines geheimen Inquisitionsverfahrens, welchem Hunderttausende unglücklicher Menschen zum Opfer gefallen sind.

Die Bedeutung und das Wesen der Vehmgerichte läßt sich nur im Zusammenhang andrer Zustände des Mittelalters richtig erfassen. Die Rohheit des Faustrechts, die Grausamkeit der Strafen, sie bilden die Folie, auf welcher eine Darstellung der Vehme im rechten Lichte sich abheben muß.

Weit tiefer noch liegen die Wurzeln des Hexenwesens. Alle Zeiten, alle Völker wissen davon zu erzählen, als ob etwas allgemein Menschliches darin anklingen müßte. Aber wie ein schleichendes Gift zur verzehrenden Krankheit ausbricht, weil äußere Verhältnisse diesen Ausbruch begünstigten, so mußten auch für die verheerenden Hexenprozesse in Deutschland die Zustände aus der allgemeinen Rechtslage sich herausbilden und jene furchtbare Erscheinung möglich machen.

Populäre Darstellungen solcher Stoffe verfallen leicht in den Fehler der Oberflächlichkeit und Trivialität, während doch der gebildete Leser beanspruchen kann, daß ihm nur quellenmäßige Wahrheit, aber freilich nicht in unverdaulicher Form geboten werde. Dieser Anforderung suchen die folgenden Blätter gerecht zu werden.

Stuttgart, April 1882.

Dr. Oskar Wächter.

Einleitung.

Ohne Zweifel hat es seine Berechtigung, wenn man von der Herrlichkeit des Mittelalters, seinen erhabenen Werken der Kunst und seinen kraftvollen Männern und ihren Thaten mit Bewunderung spricht. Wir staunen über die Bauten, die Kirchen und Klöster, die Burgen und den Schmuck der alten Städte, welche jene Zeit hervorgebracht, während sie doch an technischen Hilfsmitteln gar arm gewesen und keine Ahnung hatte von den Maschinen und Erfindungen aller Art, womit wir heutzutage so leicht arbeiten. Wir fragen: wie ist es möglich gewesen, damals und auf jener Stufe der Bildung, auf die wir herabzu= sehen gewohnt sind, solche Schöpfungen zu erstellen? Der große Künstler, welcher den gotischen Dom ent=

warf, der Maler, welcher unvergängliche Werke schuf,
der Bildhauer, sie alle wurden damals wie heutzutage mit ihren hohen Anlagen geboren und suchten
die Wege, sie auszubilden. Aber wie fanden sich
die Tausende emsiger Hände, mit denen auch nur diese
Steinmassen, deren es bedurfte, herbeigeschafft werden
mußten? Schon diese Frage führt uns in eine
Nachtseite des Mittelalters: die Leibeigenschaft, die
Hörigkeit, die Frohndienste, mit deren Aufgebot die
stolzen Ritterburgen und manch andre Bauten unter
tausendfachen Bedrückungen des armen Volkes sich
erhoben.

Und doch war das nur ein kleiner Teil des
Drucks, unter welchem unsre Vorfahren vielfach gehalten wurden. Da und dort werden uns alte
Türme gezeigt, Foltertürme, ausgestattet mit den entsetzlichsten Werkzeugen, um den menschlichen Leib langsam zu zerfleischen. Dann wieder: Drudentürme,
d. h. Hexentürme, in deren schauerlichen Verließen die
unschuldigen Opfer des Aberglaubens schmachteten,
Folter und Tod erwartend.

Aber verweilen wir zunächst noch bei den Ritterburgen.

Wenn heutzutage dem Reisenden von kühnen

Bergesgipfeln malerische Burgruinen winken und
er sich in die Romantik der Ritterzeiten zurück=
träumt, so hat er meist keine Ahnung von dem Jam=
mer und Elend, womit die übermütigen Adels=
geschlechter, welche auf jenen Burgen gehaust, Land
und Volk umher in den Jahrhunderten des Faust=
rechts und der willkürlichen Fehden gequält haben.
Ein kundiger Führer zu diesen Ruinen (Usener,
Beiträge zu der Geschichte der Ritterburgen und Berg=
schlösser in der Umgegend von Frankfurt a. M.) hat
aus den Frankfurter Archiven über die Thaten und
Schicksale jener Geschlechter und Gauen anschauliche
Mitteilungen gemacht. Da ist z. B. die Burg Epp=
stein, seit dem 12. Jahrhundert der Sitz mächtiger
Dynasten. Die Eppsteiner hatten im Jahr 1416 eine
Fehde mit dem Grafen Adolf von Nassau. Dieser
verbrannte die Dörfer Delkelnheim, Breckenheim,
Oberweilbach, Niederweilbach und die Höfe Mechtelns=
hausen und Harzach. Die Eppsteiner vergalten es
reichlich; sie verbrannten alle Orte um Wiesbaden,
Kale, Mosbach, Schirstein, Bibrich, Neurade, Klopp=
heim, Erbenheim, Niederhaus, Michelbach, Breidhard,
Strintz und andre. — Von den Schloßruinen in
Bilbel (eine Meile von Frankfurt a. M.) wird be=

richtet, daß dort seit Anfang des 13. Jahrhunderts ein Rittergeschlecht blühte. Im Jahr 1399 hatten die Ritter von Vilbel ihre Burg befestigt und wußten von da aus Zoll und Weggeld zu erpressen und die Gegend unsicher zu machen, bis die Stadt Frankfurt mit ihren Verbündeten das Schloß eroberte und zer= störte. Doch wurde es wieder aufgebaut, und nun erscheinen die Herren von Vilbel als gefürchtete Wege= lagerer, die bald da, bald dort einen wehrlosen Kauf= mann berauben. Ein Bechtram von Vilbel, „ein kühner, unruhiger Mann“, wurde wegen seiner Räubereien, die er auf offner Straße verübte, von den Söldnern der Stadt Frankfurt endlich mit seinen zwei Knappen gefangen genommen und folgenden Tages, am 27. August 1420, hingerichtet. „Auf der sogenannten Schütt vor dem Bockenheimer Thore war ein schwarzes Tuch hingebreitet, ein Kruzifix, zwei Lichter, Totenbahre und Sarg standen zur Seite. Dieses betrachtend und ohne sich die Augen verbinden zu lassen, wird Bechtram enthauptet. Die beiden Knappen wurden an gewöhnlicher Richtstätte hingerichtet.“ Aber die Fehden und Gewaltthaten hatten ihren Fortgang. In einer solchen Fehde eines Hans Walbrunn gegen die Stadt Friedberg

im Jahr 1448 wurden in dieser Stadt sechshundert
Häuser niedergebrannt.

Eine andere in jener Reihe der fehdelustigen
ist die Burg Reiffenberg in der Nähe des Feld=
bergs, des höchsten Gipfels am Höhe=Gebirg. Die
Reiffenberger gehörten zu den ältesten und ange=
sehensten Rittergeschlechtern der Gegend. Mit drei=
fachen Mauern war die Burg umgeben und ihr
Turm ragte wohl dreißig Meter über den Fels em=
por. Aber was erzählen diese Ruinen? auch sie
waren Zeuge von vielen Fehden, Wegelagerung und
dergleichen. Namentlich haben die Ritter in ihren
Fehden der Stadt Frankfurt manches Leid zugefügt.
So wird berichtet: „Walther von Reiffenberg trieb
am 7. Juli 1406 den Frankfurtern zweiundzwanzig
Hämmel weg und beraubte die Meßkaufleute; Philipp
von Reiffenberg ward am 24. Oktober 1410 der
Stadt Feind und überfiel im Jahr 1411 zwei Bür=
ger aus Frankfurt, die in eignen Geschäften ritten,
bei Cloppenheim und nahm ihnen das ihrige. Zu
gleicher Zeit nahm er zwischen Dortelweil und
Gronau zwei Einwohner aus ersterem Ort gefangen,
beraubte und brandschatzte sie. In Gronau verbrannte
er das Frankfurter Eigentum u. s. f." Erst im Jahr

1419 gelang es dem Erzbischof von Mainz, diese Fehde zu begleichen. Aber bald brachen die Zwistigkeiten von neuem los. Die Ritter trieben der Stadt das Vieh weg, fingen Bürger und Knechte, plünderten, verbrannten ein Dorf. „Dies alles geschah aus dem Schloß Reiffenberg."

Nicht weit von Reiffenberg erheben sich die Trümmer der Burg Hattstein. Schon im Jahr 1379 mußte „wegen der Uebergriffe und Missethat, die aus der Festen Hatzstein und darin geschehen" die Burg von den Städten Mainz, Frankfurt, Friedberg und mehreren Reichsfürsten „von Landfriedens wegen" belagert werden. Sie wurde erobert und die Hattsteiner verpflichteten sich, ihre Erben und Nachkommen, daß „aus Hattstein oder darin, auf Straßen, auf Wasser oder auf Lande kein geistlicher Mann, Pilgrim, Kaufmannschaft, Juden noch andere unschädliche Leute nimmer sollen angegriffen oder geschädiget werden". Wer dagegen handelt, soll „damit treulos, ehrlos, meineidig und in des Reichs Acht sein". Allein die Ritter setzten sich über alle Verträge und Landfrieden weg, versuchten fortan in Fehden ihr Heil, und kein Jahr verging mit ihnen in Ruhe. Aus der Burg Hattstein wurden unge=

scheut die gewohnten Räubereien fortgetrieben. Wieder=
holt und im Jahr 1399 auf Befehl des Landvogts
am Rhein wurde die Burg belagert. Während einer
dieser Belagerungen wurde das Dorf Arnoldsheim
geplündert, Kirche und Schule verbrannt. Keine
Mittel, auch der Landfrieden nicht, waren hinreichend,
dem Unwesen zu steuern. Besonders Frankfurt war
den fortgesetzten Gewaltthätigkeiten der Ritter aus=
setzt, die mit ihrer Raubsucht oft die ausgesuchtesten
Grausamkeiten gegen wehrlose Gefangene verbanden.
Wegen der fortgesetzten „große viel und mancherlei
Rauberei, Schinderei, Mord und Brände", von den
Hattsteinern begangen, schritt der Rat der Stadt
Frankfurt abermals zu Fehde und Belagerung, im
Jahr 1429, doch ohne Erfolg. Das Unwesen wurde
immerhin fortgetrieben: Klöster, Dörfer, Land und
Leute empfanden die Raubsucht der Hattsteiner. Im
Jahr 1430 fing Konrad von Hattstein einen wehr=
losen Mann, brandschatzte ihn und warf ihn ins
Gefängnis, wo er wahnsinnig wurde und starb.
Einen Bürger von Assenheim mißhandelte er auf
gleiche Weise; lebenslang blieb derselbe lahm. Einen
andern Mann, den Konrad der Junge fing, ließ er
unter nichtigem Vorwand ermorden. „Glaube, Recht

und Treue schien in dem Geschlecht erloschen." Abermals verbündeten sich die benachbarten Fürsten und Städte im Jahr 1432 und sandten am 2. August „bei Sonnenschein und schönem lichtem Tag" die Fehde= briefe in die Feste, die sie am folgenden Morgen berennen und stürmen ließen und noch desselben Tages eroberten.

Diese Beispiele ritterlichen Treibens, welche Usener aus dem Umkreis weniger Meilen zusammen= stellt, ließen sich durch zahllose ähnliche aus der Ge= schichte der Ritterburgen in allen deutschen Gauen vermehren, und welch unermeßliche Last von Gewalt= that und Elend ist von ihnen auf Tausende wehrloser Menschen gehäuft worden!

Während der arme Mann, wenn er auch nur einen kleinen Diebstahl verübte, am Galgen büßen mußte und seine Verbrechen mit den grausamsten Strafen verfolgt wurden, wußte sich der mächtige Räuber, der Ritter, welcher, wie man es nannte, „sich auf Reuterei verlegte" oder „vom Sattel" oder „vom Stegreif lebte", jeder gerichtlichen Ahndung zu entziehen. Da mußte hie und da der Kaiser selbst einschreiten. So hat einst Rudolf I. auf einem Zuge nach Thüringen neunundzwanzig ritterliche Land=

friedensbrecher aufknüpfen und sechsundsechzig Raub=
schlösser zerstören lassen und ebenso auf einem Zuge
nach Schwaben bei Calw fünf Raubschlösser zerstört.
Aber im ganzen wurden nur selten solche Exempel
statuirt. Denn der deutsche Kaiser, sehr häufig selbst
in Kriegszüge oder Fehden verflochten, fand wenig
Zeit und hatte meist nicht einmal die Macht, den
Frieden im Lande gegen solche Uebergriffe des Ritter=
wesens zu wahren.

Dazu kam, daß die Fehde im Mittelalter auf
einem allgemein anerkannten Recht beruhte, dessen
Grenzen nur freilich sehr vielfach weit überschritten
wurden. Um dieses Fehderecht in seinem Wesen
richtig aufzufassen, ist es nötig, auf die altgerma=
nischen Rechtszustände zurückzublicken. Hier war
der Staatsverband im Sinne des heutigen Staats=
rechts noch gar nicht vorhanden, oder doch nur ein
sehr mangelhafter. Es war zumeist dem einzelnen
überlassen, sich wegen erlittener Verletzung Genug=
thuung zu verschaffen. Nur die Sitte, gestützt auf
ihre Handhabung durch die Volksgenossen, schuf ge=
wisse Ordnungen, welche späterhin auch dem geschrie=
benen Recht, den Gesetzen, einverleibt wurden.

Nach dieser altgermanischen Auffassung hatte der=

28. 2

jenige, welcher böswillig einen andern verletzte, mit
diesem den Frieden gebrochen, sich mit ihm in
einen Kriegsstand gesetzt. Dabei hatte der Verletzte
seine Familie und seine Freunde und Genossen zur
Seite und sie hatten seiner sich anzunehmen. Sie
konnten nun gegen den Friedbrecher Fehde erheben
und in seinem Blute Genugthuung suchen und damit
dem Verletzten wieder Frieden verschaffen. Doch galt
dies Fehderecht nur bei wissentlicher Verletzung; wer
bloß durch fahrlässige Handlung eines andern geschädigt war, konnte in der Regel lediglich eine
„Buße" in Geld beanspruchen. Ueberdies war die
Ausübung des Fehderechts noch an gewisse Schranken gebunden, so z. B. durfte in seinem Hause
kein Befehdeter angegriffen oder verfolgt werden.
Auch konnte der König dem Befehdeten seinen Königs-
frieden erteilen und dadurch ihn gegen die Fehde
schützen.

Verschieden von diesem altgermanischen ist das
mittelalterliche Fehderecht, welches späterhin in
seinen Ausartungen zum Faustrecht, zur Herrschaft
roher Gewalt, geführt hat.

Als nämlich seit Karl dem Großen der
Staatsverband überall ein festerer wurde, mußte die

Staatsgewalt sich auch als Strafgewalt entschiedener
ausprägen. War doch die gesamte Rechtsordnung,
die öffentliche Sicherheit und der allgemeine Frieden
(im germanischen Sinn) durch ein schweres Ver=
brechen, durch Brand, Raub, Mord, offne Gewalt=
that verletzt und daher nicht bloß der verletzte Ein=
zelne, sondern der Staat selbst in der Lage, Genug=
thuung zu fordern, eine Genugthuung, welche in
öffentlicher körperlicher Strafe an Leib oder Leben
des Missethäters bestehen mußte. Daß der Staat
gegen Verbrecher mit Strafe einzuschreiten habe, war
zugleich eine Anforderung der Kirche, welche immer
größere Macht auch in weltlichen Dingen erreichte;
sie aber lehrte, daß die Obrigkeit das Schwert
führen und damit Strafe gegen die Bösen vollziehen
solle. Stets aber war das Einschreiten des Gerichts
durch Klage von seiten des Verletzten oder seiner
Angehörigen bedingt.

Nun wäre es allerdings konsequent gewesen,
das Fehderecht völlig abzuschaffen und jede Selbst=
hilfe des Verletzten und seiner Genossen gesetzlich zu
verbieten. Allein dem standen zwei Umstände ent=
gegen. Noch war die altgermanische Anschauung im
Volke mächtig, welche es zu den wichtigsten Rechten

2*

des freien Mannes zählte, sich wegen erlittner Ver=
letzung selbst die Genugthuung zu nehmen.   Sodann
wäre ein Verbot der Fehde nur unter der Vor=
aussetzung durchführbar gewesen, daß die Strafgewalt
des Staats bei allen Verbrechen hätte einschreiten
können.   Dazu aber fühlte sich der Staat nach den
damaligen Verhältnissen zu schwach.   Häufig konnte
der Verbrecher im Vertrauen auf seine und seiner
Verbündeten Macht jeder richterlichen Ladung Trotz
bieten und sich dem Vollzug des Urteils entziehen.

Es konnte sich also nur um Einschränkung
und gesetzliche Regelung des Fehderechts handeln,
zunächst in der Richtung, daß nur noch wegen
schwerer Rechtsverletzungen Fehde erhoben werden
durfte; solche Verbrechen hießen fortan Friedens=
bruchsachen.   Die Reichsgesetze, in welchen bezüg=
lichen Normen gegeben wurden, sind die sogenannten
Landfrieden.

Aber die Gesetzgebung ging im Verlauf der Zeit
noch weiter.   Und damit wurde die entscheidende
Wendung vollzogen, an die Stelle des altgermanischen
ein ganz andrer Grundsatz gestellt.   Der Verletzte
sollte zunächst den ordentlichen Richter angehen
und auf dem Weg der Klage die Bestrafung des

Verbrechers und eben damit seine Genugthuung für die erlittne Verletzung suchen. Die **Strafen**, welche in Anwendung kamen, waren meist überaus hart und grausam. Aber sie konnten in vielen Fällen nicht erkannt oder nicht vollzogen werden, weil das Gericht des Angeklagten nicht habhaft zu werden vermochte. Für solche Fälle nun mußten auch Kaiser und Reich ein Recht zur Selbsthilfe anerkennen und die **Fehde** zulassen. **Konnte der Richter dem Verletzten nicht Recht schaffen, so durfte dieser sich selbst Genugthuung nehmen und zwar auf dem Wege der Fehde.** In diesem Falle, und nur in diesem Falle, war die **Fehde** eine **rechtmäßige**, ohne daß übrigens fernerhin zwischen groben und leichten Rechtsverletzungen unterschieden worden wäre. Aber auch die rechtmäßige Fehde wurde an gewisse **Formen** und **Beschränkungen** gebunden, um teils die Lage des dadurch Bedrohten zu erleichtern, teils die öffentliche Ruhe zu sichern. Es sollte dem Gegner — so forderte es ja schon der Grundsatz ritterlicher Ehre — Zeit gelassen werden, sich auf Gegenwehr zu rüsten, und Bedenkzeit, ob er nicht dem Verletzten Abfindung und anderweitige Genugthung geben möchte. Es mußte also der wirklichen Fehde eine Ansage

vorhergehen. Diese geschah in einem Fehdebrief,
den ein Bote bei Tag in die Wohnung des zu Be=
fehdenden bringt. In dem Fehdebrief benennt der
Fehdelustige seinen Gegner und sich und in der Regel
auch den Grund der Fehde, erklärt, daß er des an=
dern Feind sein wolle, und verwahrt seine Ehre wegen
aller Folgen durch den offnen Absagebrief.

So bestimmt schon der Reichsabschied von Nürn=
berg vom Jahr 1187: „Wir setzen auch und bestim=
men durch dieses Edikt, daß, wer einem andern
Schaden zuzufügen und ihn zu verletzen beabsichtigt,
ihm mindestens drei Tage vorher durch eine sichre
Botschaft absagen soll. Würde der Verletzte in Ab=
rede ziehen, daß ihm vorher abgesagt worden sei, so
soll der Bote, wenn er noch lebt, schwören, daß er
von seiten seines Herrn zu bestimmter Stelle und
Zeit abgesagt habe; ist der Bote tot, so soll der Herr
in Verbindung mit zwei wahrhaften Männern schwö=
ren, daß er ihm abgesagt habe."

Der kaiserliche Landfriede von 1235 sagt: „Was
auch jemanden widerfahre — daß er das nicht räche!
er klag es seinem Richter, es sei denn, daß er sich
zur Not muß wehren seines Leibes und seines Gutes.
Wer seine Klage aber anbringt: wird ihm nicht ge=

richtet, und muß er durch Not seinen Feinden wider-
sagen, — das soll er thun bei Tage, und von dem
Tage an bis an den vierten Tag soll er ihm keinen
Schaden thun, weder an Leib, noch an Gut; so hat
er drei Tage Frieden."

Endlich schrieb der Reichsabschied von 1442 vor:
„Niemand soll dem andern Schaden thun oder zu-
fügen, er habe ihn denn zuvor zu gleichen billigen
landläufigen Rechten (d. h. vor Gericht) erfordert
(im Weg der Klage), und wenn ihm solches Recht
vielleicht nicht so bald, als er wollte oder begehrte,
gedeihen oder widerfahren möchte: so soll er dennoch
seinen Gegner nicht angreifen oder beschädigen, er
habe denn vorher alles das völlig und ganz gethan
und vollbracht, was Kaiser Karls IV. goldne Bulle
enthält und ausweist."

Damit in Ausübung des Fehderechts nicht Aus-
schreitungen zum Schaden von dritten Unbeteiligten
und Störungen des allgemeinen Verkehrs vorkommen
möchten, hatten gewisse Personen, Orte und Gegen-
stände ihren besondern Frieden und durften in
keiner Weise aus Anlaß einer Fehde geschädigt werden. Solchen Frieden hatten Geistliche, Pilger,
schwer Kranke, Kaufleute und Fuhrleute, Weingärtner

und Ackerleute mit ihren Geräten, Kirchen und Kirchhöfe.

Eine weitere Schranke in Ausübung des Fehde=
rechts lag in dem von der Kirche eingeführten G o t t e s =
f r i e d e n. Kraft desselben mußte an gewissen Fest=
tagen und in jeder Woche von Mittwoch abend bis
Montag früh jede Fehde ruhen. Dieser Gottes=
frieden wurde allwöchentlich besonders eingeläutet.
Wer ihn verletzte, fiel in den K i r c h e n b a n n, und
wenn er sich aus diesem nicht in gewisser Frist lösen
konnte, in die R e i c h s a c h t.

Wer nun gegen diese gesetzlichen Normen han=
delte, wer Fehde begann, statt seine Sache vor Ge=
richt zu bringen, oder in Ausübung des Fehderechts
jene Schranken übertrat, der hatte den F r i e d e n ge=
b r o c h e n; er war L a n d f r i e d e n s b r e c h e r und mit
der Strafe des Stranges bedroht.

So lautete die g e s e t z l i c h e Vorschrift. Aber
ganz anders sah es im wirklichen Leben aus. Den
deutschen A d e l des Mittelalters beseelte eine unbän=
dige Rauflust und die vielen Kriege nährten auch in
andern Kreisen die Neigung zu allerlei Gewaltthat.
Sehr oft diente das Fehderecht zum Vorwand,
räuberische Absichten zu verfolgen. Viele Fehdebriefe

aus jener Zeit erwähnen gar nicht eines besondern
Grundes der Fehde, sondern enthalten eben die nackte
Erklärung, daß man des andern Feind sein wolle.
Selbst gegen wohldisziplinierte Reichsstädte, in denen
doch gewiß Justiz zu erlangen war, wurden noch im
15. Jahrhundert Fehden begonnen. So lautet z. B.
ein Fehdebrief an die Reichsstädte Ulm und Eßlingen
vom Jahr 1452 so: — „Wisset Ihr Reichsstädte,
daß ich Claus Dur von Sulz und ich Waidmann
von Deckenpfronn, genannt Ganser, und ich Lien=
hard von Bercken, genannt Spring ins Feld, Euer
und aller der Eurigen Feind sein wollen, von wegen
des Junker Heinrich von Isenburg. Und wie sich
die Feindschaft fürder macht, es sei Raub, Brand
oder Totschlag: so wollen wir unsre Ehr mit diesem
unserm offnen besiegelten Brief bewahrt han.‟

Selbst wenn die Fehde einen rechtmäßigen An=
fang hatte, mußte sie bei der Rohheit der Zeiten
leicht zu den gröbsten Gewaltthaten führen. Denn
nun wurden die Güter des Gegners verwüstet, seine
Gutsangehörigen und Hintersassen vergewaltigt, —
und der arme Landmann mußte mit seiner Haut die
Händel seines Gutsherrn bezahlen. Dieser letzte
freilich nahm wieder Rache an den Besitzungen des

Befehdenden — allein was gewannen dadurch **seine armen Leute?** Ein Markgraf rühmte sich einst, er habe in seinen Fehden 170 Dörfer verbrannt!

Besonders ein Umstand war es, wodurch die Fehden der allgemeinen Sicherheit höchst gefährlich wurden. Es galt für erlaubt, sich der rechtmäßigen Fehde eines andern anzuschließen. Da gab es nun viele Raubritter von Handwerk und viele verdorbne Leute, welche sich stets bereit finden ließen, auch die ungerechteste Fehde zu unterstützen und bei dieser Gelegenheit überall zu rauben und alle Gewaltthat zu üben.

Diese Zustände eines allem Recht Hohn sprechenden **Faustrechts** wurden in ganz Deutschland als eine wahre Landplage empfunden. Und doch währte solche Herrschaft roher Gewalt und kräftiger Fäuste bis gegen Ende des fünfzehnten Jahrhunderts, nur wenig gezügelt durch den ritterlichen Sinn, durch einzelne energische Kaiser, durch den Einfluß der Kirche und durch die Entwicklung der Städte.

So war es einem Verbrecher nur gar zu leicht möglich, den Gerichten sich zu entziehen und sogar auch ihnen offen zu trotzen im Vertrauen auf seine Burg und auf seine und seiner Genossen Fäuste.

Der Schwache und Wehrlose wurde unterdrückt und mußte alle Unbill über sich ergehen lassen.

Inmitten dieser anscheinend unentwirrbaren Rechtlosigkeit und gegenüber der Unmacht fast aller Gerichte sehen wir in Westfalen einfache Volks= gerichte, von Ungelehrten, meist Bauern besetzt, sich erheben, einen Hort des Rechts für jeden durch Verbrechen Geschädigten. Es sind dies die Vehm= gerichte, welche bald mit unwiderstehlicher Macht ihrer Ladung und ihrem Richterspruch bis an die fernsten Grenzen des deutschen Reichs Geltung zu verschaffen wußten.

Immerhin aber war es ein ungesunder Zustand, wenn wegen Machtlosigkeit der einheimischen Gerichte der Freistuhl auf roter Erde auch von dem in an= dern Gauen des Reichs Verletzten angerufen werden mußte. Es galt daher, das entartete Fehderecht völlig zu beseitigen. Dies geschah, zunächst freilich noch auf dem Papier, auf wiederholtes Andringen der Reichsstände und Kaiser Maximilians I. im Jahre 1495 durch den sogenannten ewigen Land= frieden. Durch dieses Reichsgesetz wurde das Reichs=Kammergericht, welches für Ordnung und Frieden im Reiche sorgen sollte, neu organisiert, das

Fehderecht ganz aufgehoben und jede Fehde bei
Strafe des Landfriedensbruchs verboten. Aber noch
lange Zeit wurde das Verbot übertreten, so daß
es Sprichwort war: man traue dem Landfrieden
nicht.

Die Gerichte gelangten allmählich zu größerem
Ansehen und ausreichender Machtstellung. Aber im
Strafverfahren selbst vollzog sich eine tief ein-
schneidende Aenderung. An Stelle des alten Anklage-
verfahrens schritt man mehr und mehr von Amtswegen ein. Für diesen inquisitorischen Prozeß
bildete sich ein geheimes und schriftliches Verfahren. Den Beweis der Schuld suchte man vorzugsweise durch Geständnis des Verdächtigen zu
erbringen. Und hiebei geriet man auf die folgen-
schwerste Verirrung, nämlich darauf, das Geständnis
durch die Folter zu erpressen. In ihrer grauen-
haftesten Ausbildung sehen wir die Folter Jahrhunderte hindurch — in den Hexenprozessen ge-
handhabt.

Charakteristisch für die mittelalterlichen Zustände
sind auch die schon oben berührten Strafarten
in ihrer furchtbaren Mannigfaltigkeit. Auf eine sehr
große Anzahl von Verbrechen war Todesstrafe

gesetzt, und zwar nicht nur die einfache, durch Strang, Ertränken, Enthauptung, sondern in vielen Fällen eine geschärfte Todesstrafe: Rädern, Vierteilen, Pfählen, Verbrennen, Totsieden in Oel oder Wasser, Lebendigbegraben, Aushungern; ferner Todesstrafe mit vorhergehenden Schärfungen, wie Abhauen der Hand, Reißen mit glühenden Zangen. Vielfach fanden Anwendung verstümmelnde Strafen der grausamsten Art: Abhauen von Hand, Fuß, Abschneiden von Nase, Ohren, Lippen, Zunge; sodann Kerker in abscheulichen Löchern, mitunter lebenslang. Auf leichten Vergehen stand der sogenannte Staupen= schlag d. h. Aushauen mit Ruten durch den Henker oder Züchtigung mit Stockstreichen. Als beschimpfende Strafe war der Pranger in Uebung. Dabei herrschte bei den Gerichten, in Ermanglung eingehender Ge= setze, die größte Willkür in Erkennung und Vollzug der Strafen. Namentlich die Städte übten, um die öffentliche Sicherheit aufrecht zu erhalten, die grausamste Justiz, damit abschreckende Exempel statuiert würden und weil man meinte, gegen einen Verbrecher, als Feind des Gemeinwesens, sich alles erlauben zu dürfen.

Als endlich im Jahr 1532 ein Strafgesetzbuch

für das deutsche Reich zustande kam, die peinliche
Gerichtsordnung Kaiser Karl V., die sogenannte
Carolina, fanden sich zwar die Gerichte in ihrer
Willkür einigermaßen beschränkt, aber die grausamen
Strafen und die Folter waren, wie es der Charakter
jener Zeit mit sich brachte, auch in die Carolina
übergegangen. Erst gegen Ende des 18. Jahrhun-
derts trat in dieser Beziehung eine durchgreifende
Reform ein.

In welcher Weise die mittelalterliche Justiz zu
verfahren pflegte, darüber geben namentlich die
„schwarzen Register", „Achtbücher" und
„Blutbücher", welche in den meisten Städten geführt wurden, Auskunft. Das „Achtbuch" bezieht
sich auf die Ausgewiesnen und Flüchtlinge. Es
mußte nämlich den Städten ganz besonders darum
zu thun sein, schädlicher und unruhiger Leute loszuwerden. Sie wiesen sie deshalb aus, auf Zeit oder
für immer; letzteres entweder geradezu oder in der
Form einer Zeit, welche der Ausgewiesene nicht über-
leben konnte, z. B. auf 101 Jahre; und kamen Ausgewiesene vor der Zeit zurück, so wartete ihrer ohne
weiteres harte Strafe, gewöhnlich die Todesstrafe. Oft
begnügten sich die Gerichte selbst bei schweren Verbrechen

mit der Ausweisung; man war doch des Menschen
los; kam der Ausgewiesne unbefugt zurück, so konnte
ihm schon deshalb wieder kurzer Prozeß gemacht
werden: es ging ihm dann an den Hals. So sagt
ein Statut der Stadt Köln vom Jahr 1437 von
einem solchen, der aus der Stadt verwiesen wird:
Kommt er wieder und ist es ein Mann, dem soll
man sein Haupt abschlagen; ist es eine Frauensperson, die soll man lebendig begraben. Von einem
solchen Verbrecher sagte man, er sei „auf seinen
Hals verzellt", d. h. er wurde ausgewiesen und,
kam er zurück, hingerichtet. Um nun aber dem Aus-
gewiesenen, wenn er zurückkam, zu beweisen, daß er
„verzellt" sei, legte man besondere Achtbücher an.
In diese Achtbücher wurden die Ausgewiesnen, aber
auch sonst Geächtete und Anrüchige eingetragen. In
Koblenz wurde im Jahr 1317 ein Buch angelegt,
in welches gröbere Verbrecher eingetragen werden
sollten, um sie, wie es im Buche heißt, „vom guten
Bürger unterscheiden und ihnen das, was sie ver-
dienen, seinerzeit zukommen lassen zu können".
In diesem Buche wird nun der Verbrecher und
sein Verbrechen kurz angeführt und bei denen,
welche, wenn man sie ergreifen würde, der Todes-

strafe gewärtig sein sollten, bloß ein Kreuz ge=
macht. —

In dem Blutbuche von Basel steht unter dem
Jahre 1358: „Zöpfler soll fünf Meilen von der
Stadt nimmermehr sein wegen des bösen Leumunds,
der auf ihm ist, und breche er's, so soll man ihn
ohne Gnade ertränken." Ferner: „Der Salzschreiber
Konrad von Ulm soll ewiglich leisten (d. h. verbannt
sein), und wenn er sich dennoch betreten läßt, so soll
man ihm ohne Urteil das Haupt abschlagen." Ferner:
„Niklas soll ewiglich für eine Meile leisten (d. h.
eine Meile weit verbannt sein), weil er falsche Gulden
in die Stadt gebracht hat; breche er das, so soll
man ihn in einem Kessel sieden."

Häufig führte man in den Blutbüchern ein
fortlaufendes Verzeichnis aller vom Gerichte
gefällten Urteile, ein Verzeichnis, welches man wohl
das schwarze Register nannte. Selbst für die=
jenigen, die nur ein geringeres Verbrechen begangen
hatten und mit leichter Strafe davonkamen, war es
mißlich, in einem solchen Register zu stehen, weil
jeden, der in dem Register stand, oder der, wie man
es auch ausdrückte, „an den Brief gesetzt" war, die
Nachteile des Uebelberüchtigten trafen, und es erklärt

sich daraus wohl unser sprichwörtlicher Ausdruck:
„im schwarzen Register stehen". Mit diesem
schwarzen Register wurde nicht selten grober Miß=
brauch getrieben, indem man wegen sehr geringer
Vergehen leicht in dasselbe kommen konnte, und die
Urkunden jener Zeit haben uns manche bittere Klagen
einzelner Bürger darüber, daß sie wegen unbedeuten=
der Veranlassung ins schwarze Register gesetzt und
dadurch in Unglück gestürzt worden, aufbehalten.

Jn manchen Orten wurden besondre Register
über besondre Verbrechen geführt, so z. B. in Basel
im Jahr 1416 ein sogenanntes Totenbuch an=
gelegt, in welcher jeder Meineidige und Eidbrüchige
eingeschrieben werden sollte, „daß er ewiglich ein ver=
worfener Mensch sei, aller Ehre und Aemter entsetzt,
zu keinem Zeugen genommen und ein Jahr verwiesen
sein soll."

Jene Blutbücher nun geben über die Strafen,
welche vom 13. bis zum 16. Jahrhundert in An=
wendung kamen, sehr interessante Aufschlüsse. So
findet sich in einem derartigen Buch, welches die
Stadt Freiberg im Jahr 1423 anlegte, ein
„schwarzes Register" von solchen, die „auf ihren
Hals verzellt" wurden, d. h. in der Art in die

28.   3

Acht erklärt, daß, wenn man ihrer habhaft würde,
sie unbedingt hingerichtet werden sollten, und dieses
Verzellen auf den Hals kommt bei den verschiedensten
Verbrechen vor, selbst bei sehr geringfügigen, bei solchen
Uebertretungen und Vergehen, die man heutzutage
bloß polizeilich ahnden würde.   So heißt es z. B.
in jenem Buche: „Die Richter haben lassen verzellen
Opatz Vogeler auf seinen Hals, darum, daß er
freventlich Bier geschenkt hat, und da die Richter
nach ihm sandten, da wollte er nicht kommen. Item
die Richter lassen verzellen Himmelblau darum, daß
zwei Messer bei ihm begriffen, und die doch verboten
sind, auf seinen Hals."   Ferner: „Die Richter haben
lassen verzellen Hans Rodenstock auf seinen Hals,
darum, daß er bei Nacht auf der Gasse geschrieen:
Wasser her, daß die Leute darob erschrocken sind und
wollten meinen, es wäre Feuer."   Ferner: „Unsere
Herren lassen verzellen Burkhardt Nickel darum, daß
er ein brennendes Faß auf seinem Haupt vom Markt
bis in die Weingasse getragen hat."   „Item meine
Herren lassen verzellen den jungen Stroll darum,
daß er am Charfreitag zu Wein gesessen und un-
ziemliche Worte daselbst getrieben, auf seinen Hals."

   Die Blutbücher geben in schauerlicher Kürze

Kunde von den erkannten und vollzogenen harten
Strafen. Namentlich wurde die Todesstrafe sehr
häufig mit grausamen Schärfungen in Anwendung
gebracht. So finden wir die Strafe des Siedens
(bei lebendigem Leibe) bald in Oel, bald in Wein,
bald in Wasser nicht selten erkannt und vollzogen;
ebenso eine der härtesten Strafen: das Lebendigbegraben und das Pfählen (wobei dem Verurteilten ein spitzer Pfahl ins Herz gestoßen wurde),
oft noch mit Schärfungen, z. B. daß dem Gepfählten
glühende Kohlen unter den Leib gelegt wurden. Besonders häufig finden sich diese Strafen, namentlich das
Lebendigbegraben, gegen Frauen angewendet, (auch mit
der Schärfung, daß der Delinquentin eine Dornhecke
auf ihren Leib gelegt und sie nun mit Erde be-
schüttet werden soll) bei Verbrechen, auf welchen für
Männer der Strang oder das Schwert gesetzt war.
So setzt z. B. das Lübecker Recht vom Jahr 1266
fest, daß jede Frauensperson, welche einen mit dem
Strang bedrohten Diebstahl begeht, lebendig begraben
werde; und daß dieses Recht Jahrhunderte lang streng
angewendet wurde, beweisen die Blutbücher von
Lübeck. Urteile, wie folgendes, sind in denselben
sehr häufig: „Anna Pipers, gebürtig von Witten-

berg, hat bekannt, daß sie stahl einen Frauenrock, darum ist sie lebendig begraben unter dem Galgen." Sogar nachdem im 16. Jahrhundert ein neues Lübecker Stadtrecht das Lebendigbegraben überging und bestimmte, daß Weibspersonen wegen Diebstahls mit dem Schwert gerichtet werden sollen, findet es sich doch noch später in dem Blutbuche aus dem Jahre 1575 bis 1592, daß Weibspersonen lebendig begraben wurden.

Aus andern Blutbüchern sieht man, wie diese Strafen allmählich abkamen. So heißt es in einem Nürnberger Blutbuche: „Als 1513 Meister Diepolt, der Henker, des Schellenklausen Tochter, eine Diebin, unter dem Galgen lebendig begraben sollte, hat sie sich so sehr gesträubet, daß sie sich die Haut an den Armen, Händen und Füßen so sehr aufgerissen, daß es den Henker sehr erbarmt und er den Rat gebeten, keine Weibsperson mehr also lebendig begraben zu lassen"; und wirklich wurde auch beschlossen, künftig die Weiber wegen Dieberei zu ertränken und ihnen etwa vorher die Ohren abzuschneiden, statt lebendig zu begraben. Bei diesem Ertränken der Weiber hat man es verschieden gehalten. Gewöhnlich wurden sie in einen leinenen Sack gebunden und in diesem ins Wasser geworfen; an manchen Orten aber warf man sie frei ins Wasser und dies gab dann nicht selten Veranlassung, sie zu begnadigen, wenn sie sich aus dem Wasser wieder herauszubringen wußten. So wurde z. B. nach dem Blutbuche von Basel im Jahre 1602 eine Kinds= mörderin zum Ertränken verurteilt und in den Rhein geworfen; sie kam aber lebendig bei dem Thomas= thore aus dem Wasser heraus und die Juristen= fakultät erklärte nun, daß sie ihre Probe bestanden habe, und so wurde sie mit der Vermahnung, sich ehrlich zu halten, heimgeschickt. Nach demselben Blutbuche von 1634 ging es wieder ebenso bei einer Kindsmörderin, welche, als sie lebendig aus dem Wasser gezogen worden, bei Strafe des Schwerts verwiesen wurde. Allein bei diesem Anlaß gab der Rat die Verordnung, daß künftig dergleichen malefizische Weibspersonen nicht mehr mit dem Wasser, sondern mit dem Schwert hingerichtet werden sollten.

Die Blutbücher des 15. Jahrhunderts zeigen, wie man verhältnismäßig geringe Vergehen oft mit den härtesten Strafen zu ahnden pflegte. So wurden z. B. im Jahre 1456 in Nürnberg zwei Krämer, weil sie den Safran, den sie verkauften, gefälscht hatten, mit ihrer Waare lebendig verbrannt und ein Weib, das ihnen geholfen hatte, lebendig begraben.

Auch von den verſtümmelnden Strafen, Handabhauen, Ohrenabſchneiden u. dergl., ſind die Blutbücher jener Zeit voll. Oft wurden ſie in ganz beſondrer Weiſe erkannt. So verurteilte ein Holſteiniſches Gericht im Jahr 1466 einen Mann, der die Jungfrau Maria geläſtert habe, dahin, daß man ihm ſeine Zunge auf den Block annageln ſoll, bis er ſich ſelbſt freimache. Ein ähnliches Urteil enthält das Blutbuch von Lübeck aus dem Jahre 1566; es wurden zwei Männer, welche auf einen andern bei Händeln das Meſſer gezückt hatten, verurteilt, daß „ihnen durch ihre linke Hand ein Meſſer geſchlagen werden ſoll, welches ſie ſelbſt ausreißen mögen, und ſie dann aus der Stadt verwieſen werden ſollen, nicht wieder zu kommen, ohne der Obrigkeit Erlaubnis, bei Strafe des Strangs".

Noch grauenvoller wird das Bild, wenn wir zugleich die „peinliche Frage" wirken ſehen; z. B. eine Frau wird auf falſchen Verdacht, ein Stück Silberzeug einem Kaufmann entwendet zu haben, hervorgerufen durch eine übelwollende Nach

barin und andere böse Zungen, in Haft genommen.
Sie weiß nichts zu gestehn. Die Anwendung der
Folter wird zulässig erkannt. Im Bewußtsein ihrer
Unschuld übersteht sie die ersten Grade. Das Gericht
will ein Resultat. Der Henker wird angewiesen,
daß er der Verdächtigen schärfer zusetze. Endlich
mit zerbrochenen Gliedern, ihrer nicht mehr mächtig,
gesteht sie alles, was man von ihr wissen will: sie
kann nicht mehr. Das Urteil lautet: sie soll nach
drei Tagen lebendig begraben werden. Wer kann
die Schrecken dieser Todesart würdigen? und welch
entsetzliche Angst muß die Arme ausstehen! Es ist
keine Rettung. Sie wird bei vollem Bewußtsein
ohne Erbarmen lebendig begraben.

Dergleichen Beispiele von der Härte und Grausamkeit mittelalterlicher Justiz ließen sich viele an-
führen. Sie werden nur überboten durch die
Schrecken der Hexenprozesse. Wie ganz anders,
ein leuchtendes Vorbild echter Volksjustiz, erscheinen
ihnen gegenüber die Vehmgerichte. Von beiden
reden die folgenden Blätter.

Erste Abteilung.

Die Vehmgerichte.

———

Erster Abschnitt.

Zwei Erzählungen.*)

I.

Auf roter Erde.

Die üppigen Kornfelder reiften der Ernte ent=
gegen. Auf den stattlichen Bauerhöfen, unter dem
Schatten der Eichen und Linden entfaltete sich reges
Leben. Es war zu Anfang Juli im Jahr 1425.
Die hellstrahlende Morgensonne hatte schon den Tau
von den Wiesen genommen, die Lerchen jubelten unter
dem blauen Himmel.

Zwei Wanderer gingen raschen Schrittes auf
der Landstraße zwischen Soest und Unna. Der

---

*) Die technischen Ausdrücke finden ihre Erklärung im
zweiten Abschnitt.

ältere, Hermann Grote, ein stattlicher Bauer, etwa
sechzig Jahre alt, der jüngere, Gerhard Struckman,
Doktor der Rechte zu Soest, beide in eifrigem Gespräch. „Wenn Heineman Weffer," begann Struckman nach einer Pause, „den Johann Laske wirklich
erschlagen hat, so wird wohl kein Zeuge dabei gewesen, er selbst aber der That nicht geständig sein.
Dieser Mord hat viel Redens gemacht durch ganz
Westfalen.   Aber es wurden von der Obrigkeit
keine weitern Schritte gethan, auch ist kein Haft-
befehl erlassen werden. Ueberall hieß es: die Vehme
wird's an Tag bringen.   In andern Ländern würde
man Verdächtige eingekerkert, in hartem Gefängnis
mürbe gemacht, durch die peinliche Frage zum Geständnis gemartert haben.   Nichts von alledem.
Man hat nur gehört, daß der Freistuhl auf Anklage
eines Schöffen Ladung gegen den der That verdächtigen Weffer erlassen habe.   Und — wird er
sich stellen? wird es zum Spruch kommen und zum
Vollzug?" — „Ihr seid ein Gelehrter," entgegnete
Grote, „und haltet vielleicht nicht viel auf unsern
Rechtsgang. Aber — folgt Weffer der Vorladung und
wird er auf gichtigen Mund oder auf Eid des Klägers
gerichtet, so scheint ihm die Abendsonne nicht mehr."

„Als ich" — nahm Struckman nach einer Pause
das Wort — „von meinen Studien und Reisen
wieder in die Heimat kam, nachdem ich in andern
Ländern den Rechtsgang gesehen, da erkannte ich, daß
unsere uralten Volksgerichte mit mehr Kraft und
Erfolg für Recht und Gerechtigkeit wirken, als die
geschriebenen Gesetze und die gelehrten Richter irgend=
wo es vermögen. Die heimliche Acht ist für jeden
Unwissenden in undurchdringliches Geheimnis gehüllt,
und doch tagt sie unter freiem Himmel bei lichtem
Sonnenschein, hat keine bewaffneten Häscher, hat
weder Gefängnis noch Folter — aber es folgt die
Ladung, und wenn er sie verachtet, das Urteil dem
Schuldigen vom Meer bis zu den Alpen, bis es ihn
trifft, unfehlbar mit tötlichem Stoß. — Ich bin
noch nicht Wissender und es sei ferne, daß ich euch
mit unziemlicher Frage lästig werde. Indes könnt
ihr mir wohl sagen, ob es dem unwissenden Manne
gestattet ist, dem offnen Ding anzuwohnen?"

„Auf diese Frage" — erwiderte Grote —
„will ich euch gerne Bescheid geben. Das freie
Gericht unter Königsbann handelt im offnen Ding
über den Angeklagten, wenn er der Ladung gehorsamt
und nicht selber ein Freischöffe ist. Wesser ist kein

wissender Mann. Stellt er sich also ein, so bleibt
allen Freien der Umstand unverboten. Im andern
Falle läßt der Freigraf durch den Freifrohnen die
heimliche Acht entbieten, und welcher Unwissende
danach im Umkreis des Freistuhls getroffen wird,
hat sein Leben verwirkt. Ein mehreres darf ich euch
nicht sagen, denn jeder Schöffe muß der heiligen
Vehme Heimlichkeit wahren. Wir sind jetzt am
Königsweg, der zum Freistuhl führt. Nun mögt
ihr auf euer eigen Abenteuer weiter gehen. Gehabt
euch wohl, gegen Abend mag sein, daß wir uns
wieder treffen."

Mit diesen Worten verließ Grote seinen Begleiter und gesellte sich zu mehreren Hofbesitzern, die
gleichfalls den Königsweg einschlugen. Auch sie
waren Freischöffen. Bald hatten sie den Hügel er-
reicht, auf dessen Gipfel ein alter Hagedorn den
steinernen Tisch überschattete. Der Tisch war auf
drei Seiten von einer steinernen Bank umgeben.
Auf dem Tische lag ein blankes Schwert und ein
von Weiden geflochtener Strick. Der Freigraf Cord
Hake, ein bäuerlicher Mann von ehrwürdigem Ansehen, und die erschienenen Freischöffen, zwanzig an
der Zahl, nahmen Platz. Der Freigraf richtete an

den Freifrohnen die üblichen Fragen wegen der
rechten Besetzung des Gerichts, der Befugnis des
Freistuhls, den Königsbann zu üben, und der ord=
nungsmäßigen Ladung des Angeklagten; nach ge=
gebner Antwort auf alle diese Fragen ließ der
Freigraf den Ankläger und den Angeklagten wegen
Ermordung des Johann Laske von Unna zum offnen
gebotenen Ding aufrufen. Der Freifrohne verkündigte
hierauf, daß als Ankläger erschienen sei Berndt
Kopper, Freischöffe zu Unna, auch der Angeklagte
in Person. Da nun, ließ der Freigraf ansagen,
das Gericht über einen anwesenden unwissenden Mann
zu halten obliege, so werde die Verhandlung im
offnen Ding eröffnet und sei jedem freien groß=
jährigen Manne der Zugang verstattet.

Lautes Murmeln durchflog den Umstand, die
zahlreich sich herandrängenden Männer, die aus der
Nähe und Ferne gekommen waren, — als Heineman
Wesser, ein hagerer Mann von 30 Jahren mit
stechenden grauen Augen und rotem Vollbart, kecken
Schrittes auf den Freistuhl zuschritt.

Lautlose Stille lag auf der Menge, als der
Freigraf dem Berndt Kopper das Wort erteilte und
dieser nun vortrug, daß er kraft der allgemeinen

Rügepflicht der Freischöffen Klage erhebe gegen Heineman Weffer. Dieser sei am Sonntag nach Ostern
abends mit Johann Laske im Krug vor dem Walde
gesessen bis der Mond aufgegangen und mit ihm
aufgebrochen; zwischen beiden seien heftige Worte gefallen. Am andern Morgen fand man den Laske
im Wald erstochen, nicht weit von dem Toten ein
Messer, welches Weffer kurz vorher in Unna gekauft
habe. Weffer habe den Mord verübt. Uebrigens
weise auch das ganze Benehmen des Angeklagten auf
seine Schuld; er sei nach der That ruhelos umher-
gelaufen und habe oft bei Nacht, wie von dem Haus-
wirt erzählt worden, laut aufgeschrieen, offenbar von
schwerer Angst gepeinigt. Als der Verdacht auf ihn
gefallen und die Ladung der Vehme ergangen, da
sei er stundenlang in dumpfes Brüten versunken und
daraus wie in jähem Schreck wieder aufgefahren.
Daß er nun heute persönlich erscheine, beweise keineswegs, daß er sich schuldlos fühle, sondern nur, daß
er nicht zu entfliehen vermöge, wisse er ja doch, daß,
wenn er nicht erschiene, er unfehlbar der Acht und
dem Tode verfalle; nicht entfliehen lasse ihn aber
auch der Zeuge im Innern, das belastete Gewissen.
Kläger erbiete sich, seine Anklage nach allen Teilen

mit zwei Eidhelfern zu beschwören, und sollte der Angeklagte dawider sechs Eidhelfer finden, so wolle Kläger die sieben Hände mit vierzehn Eiden echter Freischöffen niederlegen und überbieten.

Der Freigraf ordnete dem Angeklagten einen Vorsprecher aus der Zahl der Schöffen bei und forderte ihn auf, durch dessen Mund sich seines Lebens und höchster Ehre wegen zu verantworten. Weffer gab kurz und barsch die Erklärung, daß er völlig in Abrede stelle, der That schuldig zu sein, welcher man ihn aus arger Mißgunst zeihe.

Der Freigraf ließ ihm nun das Messer, welches in der Nähe des Ermordeten gefunden worden war, vorweisen und verlangte, daß Weffer dasselbe in seine rechte Hand nehme. Zögernd that dies der Ange= klagte und in diesem Augenblick verließ ihn seine Fassung, — sichtlich erbleichte er, — doch gab er das Messer mit dem Bedeuten zurück, er habe das= selbe nie besessen.

Hierauf wurde dem Ankläger verstattet, nach Freistuhls Recht mit seinen zwei Eidhelfern unter Vorhalten des Schwertes feierlich zu beschwören, daß sie die Anklage für wahr und durchaus glaub= haft halten.

28.

4

Der Kläger und Angeklagte traten zurück. Der Freigraf bezeichnete den Schöffen Hermann Grote als Urteilsfinder. Dieser ging weg, gefolgt von den Freischöffen, mit denen er sich kurze Zeit beriet, dann wiederkam, und nachdem die Schöffen ihren Platz wieder eingenommen, sich bereit erklärte, das Urteil zu schelten. Die Schöffen erhoben sich und wiesen für Recht, und ihren Spruch verkündigte der Freigraf: daß man den Angeklagten Heineman Wesser solle nehmen und hängen ihn an den nächsten Baum zwischen Himmel und Erde.

Der Freigraf nahm den Weidenstrick vom Tische, übergab ihn dem Freifrohnen, dieser den beiden jüngsten Schöffen, und nun ergriffen sie den Verurteilten und führten ihn weg.

Nach kurzer Weile kam der Frohnbote wieder, legte einen neuen aus Weiden geflochtenen Strick zu dem Schwert auf den Tisch und der Freigraf eröffnete die Gerichtssitzung wieder. Zwei Boten des Freistuhls, welche eine Ladung zu überbringen gehabt, waren von den Bürgern einer kleinen Stadt am Rhein ihres Auftrags wegen gefangen gehalten worden. Die Anklage wurde vorgetragen und als „Vehmwroge" erklärt, auch festgestellt, daß die Ladung an die angeschuldigten Bürger ordnungsmäßig ergangen und die Frist von 6 Wochen und 3 Tagen verstrichen sei. Dreimal wurden die Beklagten aufgerufen, sie waren nicht erschienen. Das Gericht mußte versammelt bleiben und ihrer warten, bis die Sonne auf dem höchsten stand. Nun verwandelte sich das offne Ding in das Stillgericht, die heimliche Acht. Der Vehmfrohne entbot jedem unwissenden Manne, sich zu entfernen.

Als gegen Abend Grote den Heimweg angetreten, traf er am Königsweg auf Struckman, welcher ihn hier erwartete und seine Befriedigung über das, was er gesehen und gehört, aussprach. „Ich sah den verurteilten Weffer zwischen Himmel und Erde hängen und ich weiß, daß die Vehme recht gerichtet hat. Mit solchen Gerichten ist Westfalen gut versorgt und ihr bedürfet fürwahr nicht der Rechtsgelehrten und ihres Rates.“

II.

Macht in die Ferne.

Im Oktober des Jahres 1429 wurde zu Nürn=
berg eine gar stattliche Hochzeit gehalten. Der Rats=
herr Tucher verheiratete seine jüngste Tochter Mech=
tild an den Bürgermeister Pferinger von Nördlingen.
Aus weiter Ferne kamen die Gäste herbei. Die Her=
bergen waren von Pferden und Reisigen besetzt.
Denn in jenen Zeiten des Faustrechts schien es nicht
geraten, ohne Bedeckung zu reisen. Besonders leb=
haft war es in der Herberge „zur goldenen Au“.
Sie lag dicht am Thor, wo die Landstraße nach Nörd=
lingen einmündete. Der geräumige Saal faßte kaum
die Gäste, die ihr Mittagsbrot heischten und dem Würz=
burger Weine, der hier verzapft wurde, tüchtig zu=
sprachen. Viele von ihnen schienen Kaufleute zu sein.

An einem kleinen Tisch im Erker saß ein großer blonder Mann in bäuerlicher Tracht. Seine kleinen blauen Augen musterten mit scharfem Blicke die Gäste. Einer der Eintretenden schien seine Aufmerksamkeit auf sich zu ziehen. Er trug einen Jagdanzug und auf der Schulter die Büchse, die er an der Wand aufhing und sich nun dem Bauersmann gegenüber setzte mit leichtem Gruß. Beiden wurde das Mittag= essen vorgesetzt. Der Jäger nahm das Messer, wel= ches neben seinem Teller lag, auf und legte es so, daß es mit der Spitze gegen seine Brust zielte, und sah dabei seinen Nachbar an. Dieser legte in demselben Augenblick sein Messer in derselben Weise. Zwischen beiden entspann sich eine Unterhaltung. „Nach eurer Kleidung zu schließen," sprach der Jäger, „seid ihr nicht aus dieser Gegend." „So ist's," antwortete der andre; „ich komme vom Niederrhein und habe ein Geschäft hier in Nürnberg."

Beide verzehrten schweigend ihr Mahl und leerten ihre Krüge. Der Jäger stand auf und trat zu seinem Gewehr. Der andre folgte ihm, trat neben ihn, legte seine rechte Hand auf des andern linke Schulter und sagte leise: „Ich grüß euch, lieber Mann, was fangt ihr hier an?" Sofort legte der Jäger gleichfalls die

rechte Hand auf des Bauern linke Schulter und er=
widerte, den andern Gästen unvernehmbar: „Alles
Glücke kehren ein, wo die Freienschöppen sein!"
Darauf sprach der Jäger die Worte: „Strick, Stein"
und der andre sagte dazu: „Gras, Grein".

„Erlaubt mir, daß ich euch begleite," sagte der
Bauer und beide verließen den Saal und gingen
schweigend ins Freie. Hier unter den Bäumen vor
dem Thor nahm der Bauersmann wieder das Wort:
„Es ist mir lieb, daß ihr ein Wissender seid. Könnt
ihr hier abkommen?"

Darauf der Jäger: „Habe mich auch auf roter
Erde zu Dortmund unter der Linde wissend machen
lassen. Aber was ist euer Begehr?"

„Ich heiße Konrad Oilpe, wohne ganze nahe
bei Dortmund und habe eine Sache an den Kuntz
von Schweinsberg. Falls ihr den kennen möchtet?"

„Und ich bin Friedrich von Eberbach, ansässig
zwei Stunden von hier auf Burg Eberbach. Den
Schweinsberg kenne ich wohl und habe etlichemal ihn
bei Gefreundten getroffen. Er ist kurzer Hand und
macht nicht viel Worte."

„Ist euch auch kund worden," begann Oilpe
wieder, „daß Herr Kuntz vor nun gerade einem Jahr

zwei Kaufleute auf offner Straße überfallen, den einen
erschlagen, den andern auf Lösegeld festgesetzt hat?"

„Habe davon vernommen," antwortete der von
Eberbach. „Aber wie kommt ihr an die Sache?
oder — sollte die heimliche Acht —?"

„Will es euch berichten," entgegnete Dilpe. „Herr
Kuntz hat seinen Gefangnen drei Monate in einem
abscheulichen Verlies festgehalten, bis endlich das Löse=
geld — 300 Goldgulden — herbeigeschafft war. Danach
hat der Eingekerkerte geklagt, aber gegen den mäch=
tigen Raubritter kein Recht gefunden. Darüber ist
er gestorben. Seine Witwe war mit einem Frei=
schöffen verwandt und brachte die Sache vor den Frei=
stuhl zu Dortmund. Sie wurde als Vehmwroge
erkannt, die Ladung gegen den Angeklagten ausgefer=
tigt und zweien Freischöffen überantwortet. Diese
haben denn auch alsbald die Reise angetreten und
da sie zu Nürnberg vernahmen, es sitze der Ange=
klagte auf einem Schloß, darein man ohne Sorg und
Abenteuer nicht kommen möchte; so sind sie bei Nacht
vor die Burg des Kuntzen geritten und haben aus
dem Rennbaum drei Spähne gehauen und den Ladungs=
brief in die Kerben gesteckt und dem Burgwächter zu=
gerufen, sie hätten einen Königsbrief an das Thor

gesteckt und er sollte dem, der in der Burg ist, sagen,
daß er seines Rechtstags warte an dem freien Stuhl
bei den höchsten Rechten und des Kaisers Bann.
Das habe denn auch der Burgwächter seinem Herrn
berichtet mit großem Schrecken, der aber habe ge-
spottet und gesagt: „Hans, meinst wohl, ich scheue
die heilige Vehme? Die soll ihre Boten nicht wieder
an mich schicken." Nun, ihr wisset, wie die Sache
weiter verlaufen mußte. Der Geladne erschien nicht.
Am letzten Termin hatte man auf ihn gewartet unter
der Vehmlinde, bis die Sonne auf dem Höchsten gewesen. Als darauf der Freigraf gefragt, ob niemand
von seinetwegen da sei, der ihn verantworten wolle
zu seinem Rechte und seiner höchsten Ehre, und niemand vorgetreten, so wurde nun dem Beistand der
Witwe gewiesen, daß er die Klage beweisen solle.
Der hat denn auch sofort den feierlichen Eid geleistet auf des Freigrafen Schwert vor gespannter
Bank mit zwei Eidhelfern, die beschworen, der Ankläger schwöre rein, nicht mein.

Es war aber zur gespannten Bank nicht bloß
die nötige Zahl von sieben, es waren zwanzig Schöffen
erschienen, und die haben einmütig auf des Freigrafen Frage das Urteil gesprochen, daß der Ange-

klagte der That schuldig sei. Darauf hat der Frei=
graf den Kuntz von Schweinsberg vervehmt und ge=
rufen: er weihe seinen Hals dem Stricke, seinen Leich=
nam den Tieren und Vögeln in der Luft, ihn zu
verzehren, und befehle seine Seele Gott im Himmel
in seine Gewalt, wenn er sie zu sich nehmen will,
und setze sein Leben und Gut ledig, sein Weib solle
Witwe, seine Kinder Waisen sein. Darauf hat der
Graf genommen den Strick von Weiden geflochten
und ihn aus dem Gerichte geworfen und allen Frei=
schöffen geboten und sie bei ihren Eiden und Treuen,
die sie der heimlichen Acht gethan, ermahnt, sobald
sie den vervehmten Mann bekommen, daß sie ihn
henken sollen an den nächsten Baum, den sie haben
mögen, nach aller ihrer Macht und Kraft.

Weil nun der Ankläger, der Freischöffe Niklas
vom Steinhof, selber krank geworden und auf den
Tod gelegen, hat er mir das Urteil der heimlichen
Acht, vom Freigrafen ausgefertigt, zu vollziehen über=
geben. Und so bin ich nun hier und ersuche euch
bei eurem Eid, daß ihr mir Beistand thun wollet!"

„Weigern darf ich's nicht," erwiderte Friedrich
von Eberbach, „wiewohl es kein leichtes Werk sein
wird. Auch müssen wir, wie ihr wisset, noch einen

Freischöffen suchen, da nur ihrer dreie miteinander nach Freistuhls Recht den Spruch vollziehen mögen."

Dilpe ergriff die Rechte des andern und sagte: „Ich kann mich auf euer Wort verlassen. Auch wisset ihr, daß nach Freistuhls Recht, wenn ein Schöffe, den wir aufrufen, des Freigrafen Brief und Siegel siehet, er zur Hilfe verbunden ist, mag es auch gegen Freund und Bruder gehen. Ihr seid hier ortskundig. Suchet einen Wissenden, der uns guten Beistand leisten möge und Gelegenheit schaffen, daß wir den Vervehmten da antreffen, wo ein Baum in der Nähe ist."

„Ihr möget unbesorgt sein," erwiderte Friedrich. „Gehet nur wieder in die Herberge zurück; dahin will ich euch ein Brieflein senden und euch bescheiden. Ich suche den Schweinsberg, gehe ins Tuchersche Haus und ehe die zweite Nacht kommt, werden wir den vervehmten Mann fest machen."

Des andern Tages hielt der Ratsherr Tucher eine Jagd im Forst an der Pegnitz. Unter einem Zelt lagerte die Gesellschaft zum Morgenimbiß in fröhlicher Stimmung. Die Hörner riefen zum Auf= bruch — schon sah man einzelne Rehe am Rand der Wiese vorübertreiben. Der Ritter von Schweins=

berg, ein starker rothaariger Mann, bestieg sein Pferd.
Neben ihm hielt Friedrich von Eberbach. Beide
ritten schweigend miteinander in den Wald. „Ihr
wollt eine Sache mit mir ausmachen?" begann der
von Schweinsberg. „Ich habe nicht lange Zeit."
„So gestattet mir, daß ich noch zwei Männer rufe,
die auch zur Sache gehören," erwiderte Friedrich und
stieß plötzlich zweimal in sein Jagdhorn. „Ich er=
suche euch aber, mit mir abzusteigen, daß ihr einen
Brief lesen möget, der euch nahe angeht."

In diesem Augenblicke traten zwei Männer eilen=
den Schrittes heran, Konrad Oilpe und der Ratsherr
Tucher. Oilpe näherte sich dem von Schweinsberg,
indes Friedrich zum Ratsherrn sich stellte. Oilpe zog
das Vehmurtel hervor und hielt es dem von Schweins=
berg unter Augen. Dieser erblaßte, griff aber an sein
Jagdgewehr und wollte sich zur Wehre setzen. Als=
bald fand er sich von den ehernen Fäusten des West=
falen gepackt und an einen Baum gedrückt, daß er
sich nicht zu rühren vermochte. Mit schäumendem
Mund rief er: „Herr Ratsherr, schützt euren Gast
vor meuchlerischem Ueberfall!" Aber Tucher legte
die Hand auf seinen Arm und sprach: „Hier ist kein
Verrat! ihr seid der kaiserlichen Acht und dem Spruch

der heiligen Vehme verfallen. Dawider kann euch nicht die Stadt Nürnberg, noch ich als ein einzelner schützen. Auch bin ich als Schöffe dem Freistuhl pflichtig."

Und in demselben Augenblick hatte Konrad Dilpe den aus Weiden geflochtenen Strick zur Hand, legte ihn unter Handreichung Eberbachs dem Vervehmten um den Hals und sie henkten den Mann an den Ast einer Eiche. Darauf zog Dilpe ein Messer hervor, das er neben den Geächteten in den Baum steckte.

Der Ratsherr aber ging zu seinen Gästen zurück und gab ihnen zu wissen, daß an der Eiche auf dem Niederbühl der von Schweinsberg durch die Vehme gerichtet sei.

Des andern Tages führte der Bürgermeister von Nördlingen seine junge Frau heim. Der Rats= herr Tucher und einige Freunde des Hauses gaben ihm das Geleite bis zur nächsten Station. Hier sollte der zweite Frühtrunk genommen werden; die warme Herbstsonne lockte die Gäste auf die Wiese vor dem Wirtshaus. Da saßen auch Friedrich von Eber= bach und Konrad Dilpe. Beide erhoben sich. Eber= bach ging auf den Ratsherrn zu, bot ihm den Will=

komm und sagte: „Es ist mir ganz erwünscht, daß
ich euch noch einmal treffe, so unlieb es mir und
zumeist wohl euch gewesen, daß ich bei der Hochzeit
und dem gestrigen Jagen stören mußte. Daran aber
trägt die Schuld mein Begleiter Konrad Oilpe, den
ich euch hier vorstelle und der mich zum Dank noch
ein Stück Weges begleitet hat."

Tucher und Pferinger zeigten sich erfreut, einen
Schöffen vom hochberühmten Dortmunder Freistuhl
zu treffen und einen Vertrauten des angesehenen Frei=
grafen Konrad von Lindenhorst, konnten sie doch nicht
wissen, ob nicht heute oder morgen die gewaltige
Vehme auch über Nürnberg oder Nördlingen ihre
Hand ausstrecken möchte.

„Noch habe ich ein besonderes Anliegen an euch,"
sagte Tucher zu Oilpe. „Ich weiß, was es auf sich
hat, Freischöffe zu sein, und wünsche, daß auch mein
Schwiegersohn von der heimlichen Acht aufgenommen
werde. Auch der Rat zu Nördlingen wünscht das=
selbe. Nur hat Pferinger noch immer gezögert, nach
Westfalen zu reisen, war auch unsicher, an welchen
Freistuhl er sich wenden möge." Pferinger bestätigte
das und Oilpe bot ihm die Hand und sagte: „Nun,
wohledler Herr Bürgermeister von Nördlingen, lasset

es nicht länger anstehen.   Wenn der Mai ins Land
kommt, so wollet euch aufmachen und nach Dortmund
reisen; von da kommt ihr in zwei Stunden auf meinen
Hof und sollet als Gast willkommen sein. Ich führe
euch zum Freigrafen Lindenhorst und die Sache wird
bald im reinen sein."

Tucher forderte jetzt den Friedrich von Eber=
bach und Konrad Dilpe auf, noch mit der Frau
Bürgermeisterin anzustoßen, die sich denn auch bald
mit den Fremden im Gespräch befand. Als von der
Reise Pferingers nach Westfalen die Rede war,
meinte Eberbach scherzend, vorher müsse er sich ver=
sichern, ob seine junge Frau nicht neugierig sei, da
er ja, wolle er wissend werden, mit hohem Eidschwur
sein Leben verpfände, das Geheimnis der Vehme
geheim zu halten „vor Weib und Kind, vor Sand
und Wind".   Aber die Bürgermeisterin entgegnete:
damit habe es keine Gefahr, dafür sei ihr Gemahl
selbst Manns genug.   Uebrigens sei sie die Tochter
eines Freischöffen und werde es für hohe Ehre achten,
auch eines Wissenden Frau zu sein.

Zweiter Abschnitt.

Ursprung und Verfahren der Vehmgerichte.

Noch heute sind vielfach die abenteuerlichsten Vorstellungen von den mittelalterlichen Vehmgerichten verbreitet. Man erzählt schauerliche und unheimliche Geschichten, wie sie bei Nacht, in unterirdischen Gewölben oder im Waldesdickicht unter allerlei Vermummung und furchterregenden Gebräuchen ihre Sitzungen gehalten und mit grausamen Foltern und Strafen ihre Opfer gepeinigt, oder ihre Gefangenen in entsetzlichen Kerkern hätten verschmachten lassen.

Mit dergleichen Phantasiegebilden übertüncht man noch immer eine der ehrwürdigsten und großartigsten Erscheinungen des deutschen Mittelalters.

Die Vehmgerichte waren altgermanische Volksgerichte, die unter freiem Himmel, bei lichtem Son-

nenschein sich versammelten, auf Anklage freier Män=
ner, auf freier Männer Eid oder freies Geständnis
richteten. Sie hatten weder Kerker noch Folter, sie
erkannten nicht auf die grausamen Strafen der
mittelalterlichen Kriminaljustiz — sie hatten nur eine
Strafe, die sie im ganzen deutschen Reich gegen jeden
Vervehmten in Anwendung brachten.

Diese westfälischen Vehmgerichte sind in den
Zeiten der allgemeinen Rechtsunsicherheit, da Faust=
recht und Fehde in Deutschland walteten, ein mäch=
tiger Hort des Rechts gewesen. Mit unwidersteh=
licher Macht und Strenge, mit einer Gewalt, die an
den fernsten Grenzen des deutschen Reichs den Schul=
digen ergriff, übten sie Gericht mit mehr Kraft und
Ansehen, als Kaiser und Landesherren es vermochten.

Mitglied der heiligen Vehme, Freischöffe, Wis=
sender, Vehmgenosse zu sein, galt für die höchste
Ehre des freien Mannes. Und wer es wagen mochte,
der Ladung dieser Gerichte und ihrem Königsbanne
zu trotzen, der war keinen Tag sicher, ob ihn nicht
die vernichtende Wucht der über ihn ausgesprochnen
Acht treffen möge.

Die Vehmgerichte in Westfalen führten ihre Ein=
setzung auf Karl den Großen zurück. Dieser habe

die alten Volksgerichte, welche er dort vorfand, aus=
drücklich bestätigt und ihnen den Königsbann, die
höchste Gerichtsbarkeit über Leben und Tod, im Namen
und aus Vollmacht des deutschen Königs und römi=
schen Kaisers zu üben, erteilt. Auf diese Einsetzung,
als ihr geheiligtes Recht, haben die Freistühle sich
jederzeit berufen, selbst gegen die Landesherren und
kaiserlichen Gerichte. In betracht dieses Königsbanns
heißt noch jetzt der zum Freistuhl führende Weg an
vielen Orten der Königsweg.

Manche wollen auf den Königsbann oder Blut=
bann, welchen diese Gerichte übten, auch den Aus=
druck „rote Erde" zurückführen, welcher eben das
von Freistühlen bedeckte Westfalen bezeichnete. Indes
wird diese Bezeichnung vielfach ganz anders gedeutet:
von den einen auf die rötliche Farbe des eisenhal=
tigen Erdbodens, von andern als Hinweisung auf
die Gerichtsstätten unter freiem Himmel, so daß die
„rote" Erde eben die „rohe, bloße" Erde besagen
solle.

Die Vehmgerichte nannten sich Freistühle oder
Freigerichte, weil sie das altgermanische Recht der
freien Grundbesitzer, Gericht zu halten, sich unan=
getastet bewahrt hatten. Während nämlich im übri=

gen Deutschland, abgesehen etwa von den Reichs-
städten, die landesherrliche Gewalt mehr und mehr
bestrebt war, die alten Freiheiten zu beseitigen und
namentlich die Gerichtsbarkeit allein zu üben, behiel-
ten die westfälischen Bauern ihr angestammtes Volksgericht und dessen Unmittelbarkeit unter Kaiser und
Reich. Der Vorsitzende des Gerichts war kaiserlicher
Bevollmächtigter, Karolingischer Graf, und nannte
sich, weil er das Grafenamt bei dem Gericht der
Freigebliebnen übte, zur Auszeichnung vor andern
Grafen: Freigraf; und so hießen die Schöffen am
Freistuhl: Freischöffen. Der oberste Stuhlherr,
welcher die Gerichtsbarkeit dem Grafen zu Lehen gab,
war der Kaiser. Doch übertrug er späterhin die
Stuhlherrschaft an den Erzbischof von Köln, welcher
fortan die kaiserliche Statthalterschaft über alle Freigerichte in Westfalen besaß.

Solcher Freistühle nun gab es in Westfalen
eine große Anzahl. Sie standen meist an den uralten deutschen Malstätten, die schon Karl der Große
vorgefunden, in der Regel unter einem alten Baum,
einer Linde, einem Hagedorn (Beerboom) und dergleichen, auf einer Anhöhe, von wo aus der Freigraf nicht nur die den Stuhl zunächst umgebenden

Schöffen, ſondern auch den ganzen „Umſtand“ des Gerichts, d. h. die zum „Freiding“ erſchienenen Freien, überſehen und von ihnen geſehen werden konnte. Denn in vielen Fällen wurde öffentlich, ohne daß die „Unwiſſenden“ ſich entfernen mußten, gerichtet; und auch das heimliche oder „Stillgericht“ tagte an dieſer offnen Stätte, welcher dann freilich kein Uneingeweihter ſich nahen durfte.

Auf der Malſtätte ſtand gewöhnlich ein ſteiner-ner Tiſch, welchen von drei Seiten eine ſteinerne Bank umgab. So wird noch heute unter der ſogen. Vehmlinde zu Dortmund, einem der angeſehenſten Freiſtühle, der ſteinerne Tiſch gezeigt, auf welchem das Dortmunder Wappen, ein Adler, eingehauen iſt, und die Bank von Stein. Die Umgebung trägt noch den an den Königsbann erinnernden Namen: Königshof.

Auf dieſem Tiſche lag bei „geſpannter Bank“, d. h. wenn das Gericht gehalten wurde, vor dem Freigrafen ein blankes Schwert und ein Strick aus Weiden geflochten. Auf das Schwert wurden die Eide geleiſtet. Der Strick aber war das Mittel der Strafvollſtreckung. Und damit hängt wohl auch die Benennung „Vehme“ (ſo, und nicht: „Feme“

5*

schreiben die alten Urkunden) zusammen. Dieser
Ausdruck wird nämlich abgeleitet von vimen, welches soviel als „wyt", d. h. Weide oder Strang
bezeichnet. Der Verurteilte nämlich sollte mit einem
aus Weiden geflochtnen Strang gehenkt werden.
Auch der Baum, an welchem dies geschah, wurde
„Wymen" oder „Vehmen" genannt. Denn die
alten Vehmordnungen schreiben vor, daß die Freischöffen den Vervehmten sollen „hängen an des Königs
Vemen, das ist an den nächsten Baum, der ihnen
dazu bequem ist".

Vielfach begegnet man der Meinung, es hätte
auch außerhalb Westfalens, selbst im südlichen
Deutschland und in der Schweiz Vehmgerichte
gegeben. Es ist dies aber ein Irrtum. Allerdings
mochten in spätern Jahrhunderten einzelne Gerichte
in andern Gegenden mit dem Namen Vehmgerichte
sich bezeichnen. Allein dies konnte nur durch Mißbrauch geschehn. Sie hatten weder die Vorrechte,
noch die Verfassung der Freistühle, und es ist heutzutage außer Zweifel, daß es wirkliche Vehmgerichte
nur in Westfalen gegeben hat und nach dem Gang
der Geschichte hier allein geben konnte. Aber Freischöffen, d. h. solche, die unter die Genossen der

Vehme aufgenommen waren und für den Vollzug der Urteile der Vehme zu sorgen hatten, gab es in ganz Deutschland. Und eben hierauf beruhte die große und geheimnisvolle Macht des heimlichen Gerichts.

Die Vehme wird häufig als ein großer über ganz Deutschland verbreiteter Geheimbund angesehen. Denn die Mitglieder hatten ihre geheimen Erkennungszeichen und waren verpflichtet, einander in Vollzug der Urteile Beistand zu leisten. Gleichwohl standen sie nicht miteinander in einer Verbindung jener Art. Allerdings aber lag die ungemeine und geheimnisvolle Macht der Vehme darin, daß sie durch Mitglieder, durch Schöffen in allen deutschen Ländern sich zu verstärken wußte. Jeder Freischöffe, wo er auch wohnen mochte, und nur ein solcher, konnte wegen eines verübten Verbrechens Klage vor einem westfälischen Freistuhl führen und ein Urteil desselben erwirken, ein Urteil, welches, wenn der Angeklagte sich nicht zu rechtfertigen vermochte, auf Acht und deren Vollzug mittelst des Stranges erging. War aber der Schöffe selbst angeklagt, so hatte er eine weit günstigere Stellung, als der Nichtwissende; in den älteren Zeiten konnte er sich ein-

fach vor dem Freistuhl losschwören; leistete er den
Eid, daß er die That nicht begangen, so war er frei.
Und auch als späterhin wegen Mißbrauchs dieses zu
weit gehende Recht des Losschwörens in Abgang kam,
war es doch immerhin dem Freischöffen viel leichter,
eine freisprechende Sentenz zu erwirken, als dem
Nichtschöffen.

Dazu kamen noch besondre Rechte der Schöffen,
welche sie auch außerhalb Westfalens übten, namentlich das Richten auf handhafter That, wovon unten
Näheres.

Endlich genoß der Freischöffe eines besondern
Schutzes, welcher mächtiger war, als selbst Kaiser und
Reich ihn hätte gewähren können. Wer nämlich
einen Schöffen, welcher namens der Vehme handelte, verletzte oder auch nur gefangen hielt, mußte
der nachdrücklichsten Verfolgung der Vehme gewärtig
sein und hatte sein Leben verwirkt.

All diese Vorrechte und die gefürchtete und angesehene Stellung, welche damit verbunden war,
ließen das Schöffenamt höchst begehrenswert erscheinen. Die angesehensten Männer aus allen Stän-
den, selbst viele Reichsfürsten und mancher deutsche
Kaiser scheuten nicht die Reise nach Westfalen, um

ſich dort vor einem Freiſtuhl „wiſſend machen zu
laſſen“ und den Eid auf das Schwert des Frei=
grafen zu leiſten. Selbſt die mächtigen Reichsſtädte
legten großen Wert darauf, unter ihren Ratsherren
einige Freiſchöffen der heiligen Vehme zu haben.

Wenn nun eine Ladung oder ein Urteil der Vehme
erging, ſo war jeder Schöffe auf Anfordern eines
andern Freiſchöffen verbunden, zum Vollzug zu helfen.
Und da bei dem Geheimnis, in welches die Vehm=
ſache vor jedem Unwiſſenden gehüllt erſchien, kein
Schuldiger ſicher ſein konnte, ob nicht in ſeiner näch=
ſten Nähe Freiſchöffen bereit ſeien, ihn zu faſſen, ſo
mußte dieſe Macht des heimlichen Gerichts in der
That eine unwiderſtehliche werden.

Häufig verſuchten Städte und Landesherren vom
Kaiſer Privilegien dahin zu erwirken, daß ihre
Angehörigen nicht vor einen Freiſtuhl geladen werden,
ſondern nur den einheimiſchen Gerichten unterworfen
ſein ſollten. Solche Privilegien wurden dann wohl
dahin erteilt, daß jene Ladung nur zugelaſſen werde,
wenn der Kläger binnen einer gewiſſen Friſt, in der
Regel binnen vier Wochen, vor dem einheimiſchen
Gericht Recht nicht zu erlangen vermöge. Und da
in jenen Zeiten allgemeiner Rechtsunſicherheit und

Gewaltthat sehr häufig die Landesgerichte eines Angeklagten nicht mächtig zu werden vermochten, so
blieb trotz jener kaiserlichen Privilegien immerhin die
Ladung des Freistuhls in Aussicht.

Treten wir nun nach dieser allgemeinen Charak-
teristik der Organisation und dem Verfahren der
Vehme näher, so ist in betreff der Zusammensetzung
des Gerichts selbst schon erwähnt, daß der Vorsitzende ein kaiserlicher Freigraf war. Dieses
Amt, das Grafenamt, konnte jeder freie Westfale
erlangen, wie denn viele der angesehensten und ge-
fürchtetsten Freigrafen einfache Landleute gewesen sind.

Das Gericht selbst mußte mit mindestens sieben
Schöffen besetzt sein. Doch konnte auch über diese
Zahl jeder Freigraf und Freischöffe erscheinen und
an der Verhandlung und Urteilsfällung teilnehmen,
so daß bei manchen besonders wichtigen Sachen oft
Hunderte von Freischöffen mitgewirkt haben; z. B.
an der Vervehmung des Herzogs Heinrich von
Bayern, welche um Johannis 1429 unter dem
Vorsitz des Freigrafen Albert Swynde ausgespro-
chen wurde, beteiligten sich 18 Freigrafen und 800
Freischöffen.

Die Gerichtssitzung fand nur bei heller

lichter Tageszeit unter freiem Himmel statt. Der
Frohnbote („Freifrohne", „Vehmfrohne") besorgte
die Ladung an die eingesessenen Schöffen (daher die
Bezeichnung „gebotenes" oder „verbotenes Ding"
d. h. geladenes Gericht) und vollzieht die Aufträge
des Freigrafen. Das Verfahren selbst war das altgermanische Anklageverfahren; nur auf erhobene
Klage ward gerichtet. Diese Klage geht meist von
dem Verletzten oder seinen Angehörigen aus, kann
aber nur durch den Mund eines Wissenden vorgetragen werden. Dem Kläger wird, wenn er nicht
selbst wissend ist, ein Fürsprecher aus der Zahl der
Schöffen bestellt. Hat er nun seine Klage vor dem
Freistuhl angebracht, so läßt der Freigraf zunächst
darüber entscheiden, ob die Sache eine „Vehm-
frage" sei, d. h. ob sie vor das Vehmgericht gehöre.
In dieser Hinsicht bezeichnen die ältesten Vehmordnungen als die Verbrechen, für welche die Freigerichte zuständig waren: „Alles, was gegen der
Christen Glauben und die zehn Gebote, und was
gegen Gott, Ehre und alles Recht ist"; namentlich
urteilten sie über Abfall vom christlichen Glauben,
Kirchenraub, Verräterei, Mord und Mordbrand,
Eigenmacht, Totschlag, Notzucht, Straßenraub,

Raub gegen Kranke, Fälschung, Meineid, Dieberei,
Landabpflügen, Gewalt gegen Reichs= und Freigerichts=
boten. Schließlich waren es überhaupt alle schwereren
Verbrechen, über welche sich die Gerichtsbarkeit der
Vehme erstreckte. Ob deren Benennung „heilige
Vehme" sich auf das Richten über Religionsver=
brechen bezog, oder nicht vielmehr darauf, daß sie
Gerichtsbarkeit namens des Kaisers und des „heili=
gen römischen Reichs" übten, mag dahingestellt
bleiben.

Nicht vor das Freigericht sollten Juden und
Geistliche geladen werden. Die letztern waren bloß
ihren geistlichen Gerichten unterworfen. Ein altes
Rechtsbuch sagt: „Man soll keinen Pfaffen, auch
keinen Geistlichen, der geschoren und geweiht ist, nicht
an einen Freistuhl laden, auch kein Weibsbild,
noch Kinder, die zu ihren Jahren nicht gekommen
sind, auch keinen Juden noch Heiden, noch alle, die
den Christenglauben nicht erkannt haben, weil sie
des Gerichts nicht würdig sind; die alle soll man
nicht an Freistuhl laden." Im übrigen aber galt
keine Befreiung, kein Ansehn der Person: selbst an
Reichsstädte und Reichsfürsten erging die unhinter=
treibliche Ladung, vor dem Freigericht Recht zu geben.

Auch über bürgerliche Rechtsstreitigkeiten haben die Vehmgerichte mitunter geurteilt. Doch war bezüglich dieser Rechtsansprüche ihre Zuständigkeit wohl eine beschränkte, einerseits auf westfälische Sachen, anderseits auf die Fälle, in welchen der Berechtigte des Beklagten vor seinem ordentlichen Gericht nicht mächtig werden, vor dem einheimischen Richter desselben kein Recht erlangen konnte (sogenannte Evokationsfälle).

Der Eröffnung des Gerichts gingen gewisse Formalitäten voran, indem in einer Zwiesprache zwischen dem Freigrafen und dem Frohnboten die Ordnungsmäßigkeit des Rechtstages festgestellt wurde. Hierauf ermahnte der Freigraf die Schöffen, sie sollen unparteiisch dem Armen wie dem Reichen „bei ihrer Seelen Pfand" Recht sprechen. Eine Aufzeichnung der Vehmgerichtsordnungen (die sog. Arensberger Reformation nach Th. Berck, Geschichte der westfälischen Vehmgerichte S. 320) sagt des weitern: „Wenn das Gericht bei Königsbann verbannet wird, und man in der heimlichen beschlossenen Acht dinget oder richtet, so sollen aller Häupter bloß und unbedeckt sein. Sie sollen weder Kappen noch Hüte, noch sonst etwas darauf haben, zum Beweise daß sie

den Menschen nicht unrecht verurteilen, sondern ein=
zig wegen der Missethat, die er beging. Ihr aller
Antlitz soll unbedeckt sein, zum Wahrzeichen, daß sie
kein Recht mit Unrecht bedeckt haben, noch bedecken
wollen. Sie sollen auch alle bloße Hände haben,
zum Zeichen, daß sie kein Werk an und unter sich
haben, sondern die Leute nur verurteilen um die
Missethat, und daß man die Bösen von den Guten
sondert; denn man verurteilt billig einen Dieb und
andre wegen Unthat. Sie sollen Mäntelein auf
ihren Schultern haben. Diese bedeuten die warme
Liebe, recht zu richten, die sie haben sollen; denn so
wie der Mantel alle andre Kleider oder den Leib be=
deckt, also soll ihre Liebe die Gerechtigkeit bedecken.
Sie sollen auch darum die Mäntel auf den Schul=
tern haben, damit sie (anzeigen, daß) sie dem Guten
Liebe beweisen, wie der Vater dem Kinde. Sie sollen
ferner weder Waffen bei sich führen, noch Harnisch,
damit sich niemand vor ihnen zu fürchten brauche,
und weil sie in des Kaisers oder Königs und in des
Reichs Frieden begriffen sind. Sie sollen endlich
auch ohne allen Zorn und nüchtern sein, damit die
Trunkenheit sie nicht zu ungerechten Urteilen verleite;
denn Trunkenheit macht viel Bosheit." — Indes steht

in teilweisem Widerspruch mit jener Kleiderordnung eine andre Arnsberger Handschrift (bei Wigand, Das Vehmgericht Westfalens S. 551), wonach die Schöffen weder Hut noch Mantel tragen sollen.

Wurde die Vorfrage bejaht, daß die Anklage eine „Vehmwroge" sei, so erließ der Freigraf die Ladung des Angeklagten und des Klägers zur Verhandlung der Klage, und zwar in der Regel mit einer Frist von 6 Wochen und 3 Tagen. War der Vorzuladende ein Freischöffe, so erhielt er drei solcher Fristen. Die letzte Ladung bedrohte den Geladnen, daß, wenn er nun nicht erscheine, auf Erweis der Klage die „höchste Wette" d. h. das schwere letzte Urteil gegen ihn ausgesprochen würde.

Sehr häufig war bei den gerichtlichen Ladungen besondre Vorsicht geboten. Denn oft setzte sich der Ueberbringer einer solchen Ladung der Gefahr aus, von dem übermütigen Geladnen mit blutigem Kopf heimgeschickt zu werden. War solche Vergewaltigung zu besorgen, so konnte die Ladung auch bei Nacht geschehn. So sagen z. B. die von Kaiser Ruprecht über ihr Verfahren vernommenen Freigrafen:

„Sitzt der Angeklagte auf einem Schloß, darein man ohne Sorg und Abenteuer nicht kommen möchte:

so mögen die Schöppen, die ihn heischen wollen,
eines Nachts oder wenn es ihnen taugt, vor das
Schloß reiten, oder gehn, und aus dem Rennbaum
oder Riegel drei Späne hauen und die Stücke be=
halten zum Gezeugnis und den Ladungsbrief in die
Kerben oder Grindel stecken und dem Burgwächter
zurufen: sie hätten einen Königsbrief in den Grindel
gesteckt und eine Urkunde mit sich genommen und er
solle dem, der in der Burg ist, sagen, daß er seines
Rechtstags warte an dem freien Stuhl bei den höch=
sten Rechten und des Kaisers Bann."

Waren Städtebürger zu laden, so wurden
die Ladebriefe häufig bei Nacht in die Thore der
Stadt oder an die Hausthüre des zu Ladenden ge=
steckt, oder an einen Ort, wo sie unfehlbar gefunden
werden mußten, z. B. in eine Kirche gelegt und
dabei noch sorgfältig verwahrt, — in leinenem Säck=
chen u. dgl.

War der Aufenthalt oder der Wohnort des zu
Ladenden unbekannt, so wurden vier schriftliche
Ladungen ausgefertigt und an Kreuzstraßen gegen die
vier Himmelsgegenden an vier Orten des Landes,
worin man etwa seinen Aufenthalt vermuten konnte,
aufgesteckt.

Uebrigens ließ die Vehme auch in betreff ihrer Boten ſich nicht verachten. Wer einen ſolchen auf= hielt oder verletzte, wurde unnachſichtlich vor Gericht gezogen.

So erging im Jahr 1473 eine Ladung an die Einwohner von Straßburg, weil dortige Bürger zwei Boten der Vehme „auf des heil. Reichs Straße ... mördtlich vom Leben zum Tode gebracht haben".

Im Jahr 1441 wurden Rat und alle Bürger der Stadt Eßlingen, die über zwanzig Jahre alt, ausgenommen geiſtliche Leute, vor den Freiſtuhl zu Waltorf geladen, weil ſie einen Freiſchöffen in Eß= lingen gefangen hielten. Und in der That mußten die Eßlinger ſich durch abgeſandte Prokuratoren vor dem weſtfäliſchen Gericht verantworten und die ſo= fortige Entlaſſung des Gefangnen verſprechen. Gar nicht ſelten waren die Fälle, in denen Reichsſtädte, deren Rat oder ſämtliche männliche Einwohner vom 20. bis zum 70. Lebensjahre vor einen Freiſtuhl in Weſtfalen geladen worden ſind, Städte, denen im Weg der Fehde nicht beizukommen geweſen wäre, die ſich aber unweigerlich jener Ladung beugen mußten.

In den Zeiten der höchſten Macht und Blüte der Vehmgerichte, namentlich um die Mitte des

16. Jahrhunderts, ergingen ihre Ladebriefe im Sü=
den von Deutschland bis zum Bodensee, östlich bis
nach Schlesien und Liefland, im Norden bis zum
Meer. Ja, drei Freigrafen wagten sogar, was frei=
lich ein Mißbrauch war, den Kaiser Friedrich III.
und seinen Kanzler und sein Kammergericht vor
ihren Freistuhl zu laden, damit der Kaiser — wie
es in der Ladung hieß — „daselbst seinen Leib und
die höchste Ehre verantworte, bei Strafe, für einen
ungehorsamen Kaiser gehalten zu werden".

Die Ladung lautete entweder vor das „offene
Ding" (d. h. öffentliches Gericht) oder vor das ge=
heime Gericht. Ersteres war der Fall, wenn der
Vorzuladende nicht ein „Wissender" war. Denn der
„Unwissende" durfte dem geheimen Gerichte nicht
anwohnen. Hingegen über einen „Wissenden" wurde
in der heimlichen Acht gerichtet. Erschien nun der
Angeklagte vor Gericht, so hatte zunächst der Kläger
seine Anklage vorzutragen. War der Angeklagte der
That geständig, so hatte er sich selbst gerichtet;
ihm wurde sofort das Urteil gesprochen und diesem
folgte unmittelbar die Exekution; er wurde ergriffen,
gebunden, am nächsten besten Baum aufgeknüpft.

Wenn nun aber der Angeklagte seine Unschuld

behauptete, so mußte der Beweis, von der einen oder
andern Seite durch Eid geführt werden. Der An=
kläger konnte sich erbieten, seine Anklage mit Eid=
helfern zu beschwören. Diese mußten Freischöffen
sein, und den Eid dahin leisten, daß sie die Anklage
für wahr halten. Ob hiefür zwei Eidhelfer ge=
nügten, oder deren sechs nötig waren (daher der
Ausdruck: „übersiebenen") ist nicht unbestritten; doch
scheinen ursprünglich zwei genügt zu haben. Hatte nun
aber der Ankläger mit seinen Eidhelfern sich zum Eid
erboten, so konnte der Angeklagte mit einer größeren
Zahl von Eidhelfern sich losschwören, also wenn gegen
die zwei Eidhelfer des Klägers sechs Schöffen bereit
waren, den Eid dahin zu leisten, daß sie die Un=
schuld des Angeklagten für durchaus glaubhaft halten.
Aber diese Eide durfte hinwiederum der Ankläger
mit dreizehn Eidhelfern vereiteln, und in diesem
Falle konnte der Angeklagte nur mit zwanzig Frei=
schöffen, welche mit ihm zu schwören sich bereit fan=
den, die Klage überbieten und sich frei machen. Je
nach der Zahl der zum Eid bereiten Eidhelfer wurde
nun entweder die Anklage oder die Unschuld beschwo=
ren. Es lag hierin ein ähnliches Prinzip, wie es
den modernen Geschwornengerichten zu Grunde liegt.

Es sollte die Ueberzeugung einer Mehrheit von Schöffen und ihr Vertrauen die Frage der Schuld entscheiden.

Nachdem die Anklage und — wenn der Angeklagte erschien, dessen Verantwortung — vernommen, auch die Eide geleistet waren, bestellte der Freigraf einen Schöffen zum Urteilsfinder. Es mußte dies ein dem Angeklagten ebenbürtiger Schöffe sein. Dies nannte man die „Stellung des Urteils auf einen echten rechten Freischöppen". Dieser hatte die Aufgabe „das Recht zu weisen". Er konnte sich mit den übrigen Schöffen beraten. Das Urteil mußte aber „sitzend gefunden, stehend gescholten (d. h. verkündigt) werden". Wurde sein Ausspruch von allen gebilligt, so hieß dies „Folge des Unstandes". Der hiernach verkündigte Spruch bildete das Urteil, welches nun der Freigraf verkündete und, — wenn es ein Schuldig war, gegen den erschienenen Angeklagten sofort in Vollzug setzte.

Sehr häufig zog der Angeklagte vor, gar nicht vor dem Gerichte zu erscheinen. In diesem Falle nun verwandelte sich das „offene Ding" in die „heimliche Acht" (d. h. geheime Beratung) oder das sog. „Stillgericht". Dies geschah in derselben Sitzung, auf derselben Malstätte, lediglich dadurch, daß alle

Anwesenden, welche nicht Freischöffen waren, durch feierlichen Aufruf aufgefordert wurden, sich zu entfernen. Wenn nach dieser Aufforderung ein Nichtschöffe, ein „unwissender Mann", und wär ees auch ohne böse Absicht, an dem Gerichtsort betroffen wurde, so traf ihn unnachsichtlich der Tod: „der Freigraf steht auf, nennt den Mann mit Namen, bindet ihm seine Hände vorn zusammen, thut den Strick aus Weiden um seinen Hals und läßt ihn durch die Freischöffen henken an den nächsten Baum."

Während nämlich für die Geheimhaltung von Seiten der Schöffen selbst durch den Eid und die strenge Strafe des Verrates gesorgt war, mußte durch diese Heimlichkeit vor Unwissenden Vorsorge getroffen werden, daß nicht etwa der verurteilende Spruch zur Kenntnis des abwesenden Verurteilten kommen und er sich der Exekution entziehen möchte.

Wenn nun also der Angeklagte im letzten Termin, zu welchem er „bei der höchsten Wette" (d. i. Strafe) geladen war, ausblieb, und auf ihn gewartet worden, „bis die Sonne auf dem Höchsten gewesen, bis Mittags in die dritte Uhr", auch der Kläger dargethan hatte, daß die Ladungen gehörig erfolgt waren, so rief der Freigraf den Angeklagten im Ge-

6*

richt feierlich noch viermal bei Namen und Zunamen
auf, und fragte, „ob niemand von seinetwegen da sei,
der ihn verantworten wolle zu seinen Rechten und
seiner höchsten Ehre". Und nun forderte der Kläger
Vollgericht d. h. die letzte Sentenz, das Endurteil.
Er selbst hatte zunächst seine Anklage knieend, die
rechte Hand auf des Grafen Schwert gelegt, zu be=
schwören, und mit dem Kläger, als seine „Folger"
oder „Freunde", seine Eidhelfer aus der Zahl der
Schöffen. Diese bestätigten durch ihren Eid, daß sie
der Glaubwürdigkeit des Klägers volles Vertrauen
beimessen, daß sie überzeugt seien, der Ankläger schwöre
„rein, nicht mein". Damit galt die Anklage
gegen den ungehorsam ausgebliebenen Angeklagten
als voll erwiesen.

Die Verurteilung, die letzte, die schwere Sentenz
wurde in den feierlichsten Formen über den Schul=
digen ausgesprochen. Der Freigraf vervehmte ihn,
indem er sprach:

„Den beklagten Mann mit Namen N., den
nehme ich hier aus dem Frieden, aus den Rechten
und Freiheiten, die Kaiser Karl gesetzt und Papst
Leo bestätigt hat, und ferner alle Fürsten, Herren,
Ritter und Knechte, Freie und Freischöffen beschworen

haben im Lande zu Westfalen, und werfe ihn nieder
und setze ihn aus allem Frieden, Freiheiten und Rech=
ten in Königsbann und Wette und in den höchsten Un=
frieden und Ungnade, und mache ihn unwürdig, echtlos,
rechtlos, siegellos, ehrlos, friedelos und unteilhaftig
alles Rechts, und verführe ihn und verwehme ihn
nach Satzung der heimlichen Acht und weihe seinen
Hals dem Stricke, seinen Leichnam den Tieren und
Vögeln in der Luft zu verzehren, und befehle seine
Seele Gott im Himmel in seine Gewalt, und setze
sein Leben und Gut ledig, sein Weib soll Witwe,
seine Kinder Waisen sein."

Hierauf — heißt es in den alten Vehmrechts=
büchern, „soll der Graf nehmen den S t r i c k von
Weiden geflochten und ihn werfen aus dem Ge=
richte, und so sollen dann alle Freischöffen, die um
das Gericht stehen, aus dem Munde speien, gleich als
ob man den Verwehmten fort in der Stunde henkte.
Nach diesem soll der Freigraf sofort gebieten allen
Freigrafen und Freischöffen, und sie ermahnen bei
ihren Eiden und Treuen, die sie der heimlichen Acht
gethan, sobald sie den verwehmten Mann bekommen,
daß sie ihn henken sollen an den nächsten Baum, den
sie haben mögen nach aller ihrer Macht und Kraft."

Wer wissentlich mit einem Vervehmten Gemein=
schaft hatte, teilte sein Schicksal. So mußte also der
Geächtete, verlassen und gemieden, in steter Angst
umherirren, bis ihn die Hand des Vollstreckers traf.

Ein so vervehmter Mann, mochte er auch
der mächtigste und reichste, der angesehenste und glück=
lichste gewesen sein, — mit dem Spruch, der über
ihn ergangen, war er ein elender, verlorner Mann.

Das Urteil mußte vor dem Vervehmten geheim=
gehalten werden, damit ihn sicher und unvorbereitet
der Vollzug treffen könne. Würde ein Schöffe (denn
nur solche waren anwesend gewesen) ihn etwa auch
nur gewarnt haben, ihm durch ein verblümtes Wort
Vorsicht oder Flucht anratend, z. B. indem er ihm
sagte: „es sei anderswo ebensogut Brot essen, als
hier," so war solcher Schöffe als eidbrüchig unrett=
bar dem Strange verfallen.

Aber wie vermochte das in Westfalen ergangne
Urteil in die weite Ferne zu wirken?

Hier eben griff die Heimlichkeit der Vehme mit
staunenswerter, unwiderstehlicher Macht ein und ver=
lieh dieser Achterklärung eine Wirksamkeit, welche weit
die der kaiserlichen und Reichsacht und Oberacht über=
traf. Wer nämlich in die Reichsoberacht erklärt

wurde, galt für v o g e l f r e i, jeder d u r f t e ihn töten;
aber sehr häufig war es ihm ein Leichtes, sich dieser
Gefahr zu entziehen. Aber die Acht oder „V e r =
f ü r u n g" der Vehme war in ihren Folgen das un-
entrinnbare Todesurteil des Vervehmten. Er m u ß t e
getötet werden. Denn über ganz Deutschland waren
die Freischöffen verbreitet und jeder war durch seinen
Eid, den er vor dem Freistuhl geleistet, verbunden,
den Spruch der heiligen Vehme durch Tötung des
Vervehmten, wo er seiner habhaft werden möge, zu
vollziehen. Wenn der Ankläger vor dem Freigericht
die Verurteilung seines Gegners erwirkt, oder wenn
der Freigraf einen Schöffen oder zwei mit dem Voll=
zug betraut hatte, so bedurfte es nur der Beiziehung
mithelfender Schöffen, welche ja überall zu finden
waren, um den Verurteilten zu richten.

Dem Ankläger wurde das Urteil schriftlich mit
dem Siegel des Freigrafen und in der Regel mit einer
Ermahnung an alle Freischöffen, ihm bei der Vollziehung
behilflich zu sein, ausgefertigt, damit ihm die Urkunde
zu seiner Legitimation diene gegen andre Freischöffen,
die er etwa zur Hilfe bei der Exekution nötig hätte.
Denn überall, wo der V e r v e h m t e zu t r e f f e n
w a r, konnten und mußten die Schöffen den nichts

Ahnenden richten, d. h. sie ergriffen und henkten ihn an den nächsten besten Baum.

Damit aber die Vollstreckung gesichert sei und der einzelne keinen Mißbrauch mache, durften die Freischöffen nur zu dreien den Schuldigen richten. Jeder Schöffe, dem die Vervehmung bekannt war, konnte andre Schöffen zur Hilfe bei der Exekution aufrufen; doch war der Aufgerufene zur Hilfe nur dann, dann aber unbedingt, mag es auch gegen Freund oder Bruder gehen, verbunden, wenn er eines Freigrafen Brief und Siegel sah, oder wenn ihm drei andre Schöffen bei ihren Eiden sagten, daß der Mann vervehmt sei.

Auffallend kann es scheinen, daß der Vollzug des Urteils den Schöffen aufgetragen war, und nicht andern, minder geachteten Personen. Allein in jenen Zeiten wurde diese Funktion nicht, wie späterhin, als eine wenig ehrenhafte betrachtet. Sie galt eben als ein Teil des Richtens selbst; das „Nachrichten" war nur gleichsam der letzte Akt des Gerichtübens. So war auch anderweit, z. B. in manchen Reichs= städten, die Hinrichtung eine Obliegenheit des jüngsten verheirateten Bürgers. Erst späterhin wurde der Henker als anrüchig angesehen, an manchen Orten

auch geradezu der „Schelm" genannt. Für die
Schöffen der Vehme aber war das Richten des
Vervehmten eine durchaus nicht entwürdigende Ob-
liegenheit.

Widersetzte sich der Vervehmte, so durften sie
ihn niederstoßen. Sie banden in diesem Falle den
Leichnam an einen Baum an der Landstraße und
steckten ein Messer daneben, zum Zeichen, daß der
Mann nicht von Räubern überfallen, sondern von
Freischöffen in des Kaisers Namen gerichtet sei.

In der Regel erfuhr der Unwissende, daß er
vervehmt sei, erst in dem Augenblicke, da ihm der
Strang um den Hals gelegt wurde.

Um andre Schöffen in der Nähe des Verurteilten in aller Stille und ohne sich zu verraten
oder preiszugeben, zur Mitwirkung auffordern zu
können, und um sicher zu sein, nicht dabei an einen
Unwissenden zu kommen und dadurch das Geheimnis
zu verraten, hatten die Freischöffen eine geheime
Losung, an der sie sich gegenseitig erkannten, und
welche zugleich das Mittel war, jeden Nichtschöffen,
der sich etwa in ihre Gerichte eindrängen wollte, als
solchen sogleich zu erkennen.

Der Freigraf sagte nämlich den Neuaufgenom-

menen mit bedecktem Haupte „die heimliche Vehme
Strick, Stein, Gras, Grein"*) und erklärt
ihnen das. Dann sagt er ihnen das „Notwort,
wie es Carolus Magnus der heimlichen Acht gegeben
hat, zu wissen: Reinir dor Feweri und klärt
ihnen das auf, als vorgeschrieben ist"; dann lehrt er
ihnen den heimlichen Schöppengruß also: daß
der ankommende Schöppe seine rechte Hand auf des
andern linke Schulter legt und spricht: „Ich grüß
euch, lieber Mann! was fanget ihr hier an?" Darnach
legt der Angeredete seine rechte Hand auf des andern
Schöppen linke Schulter und spricht: „Alles Glücke
kehre ein, wo die Freienschöffen sein." Der erste sagt
nun: „Strick, Stein" und der andre erwidert: „Gras,
Grein". Auch wurde, wenn besondre Veranlassung
vorlag, das Notwort ausgesprochen.

Ein Erkennungszeichen zwischen Wissenden
soll auch darin bestanden haben, daß sie bei Tische
„das Messer mit der Spitze zu sich und die Schale
nach der Schüssel von sich gekehrt haben".

Wer vor dem Freistuhl zum Wissenden (daher

---

*) Das altnordische Wort Grein = Ast oder Zweig,
deutet auf den Baum, an welchem das Todesurteil vollstreckt
wurde. Vgl. Grimm, Rechtsalterthümer. S. 683.

auch „Vehmenoten" genannt) gemacht wurde, hatte
den feierlichen Eid dem Freigrafen nachzuſprechen:
„Ich gelobe, daß ich nun fort mehr die heilige Vehme
wolle helfen halten, und verheelen vor Weib und
Kind, vor Vater und Mutter, vor Schweſter und
Bruder, vor Feuer und Wind, vor alle dem=
jenigen, was die Sonne beſcheint und der Regen
bedecket, vor alle dem, was zwiſchen Himmel und Erde
iſt, befördern vor den Mann, ſo das Recht kann;
und will dieſem freien Stuhl, darunter ich geſeſſen
bin, vorbringen alles, was in die heimliche Acht des
Kaiſers gehört, was ich für wahr weiß, oder von
wahrhaften Leuten habe hören ſagen, das zur Rüge oder
Strafe gehet, das Vehmwrogen ſein, auf daß es ge=
richtet oder mit Willen des Klägers in Gnaden ge=
friſtet werde: und will das nicht laſſen um Lieb noch
um Leid, um Gold, noch Silber, noch um Edel=
geſtein; und ſtärken dies Gericht und Recht nach
allen meinen fünf Sinnen und Vermögen ꝛc.

Auf den Verrat der geheimen Loſung und der
Heimlichkeiten des Gerichts überhaupt ſtand unnachſicht=
lich der Tod. So ſagt ein altes Rechtsbuch der Vehme:

„Wäre es, daß ein Freiſchöffe die Heimlich=
keit und Loſung der heimlichen Acht oder irgend etwas

davon in das Gemeine brächte oder unwissenden
Leuten einige Stücke davon, klein oder groß, sagte,
den sollen die Freigrafen und Freischöffen greifen
unverklagt und binden ihm seine Hände vorne zusammen und ein Tuch vor seine Augen und werfen
ihn auf seinen Bauch und winden ihm seine Zunge
hinten aus seinem Nacken und thun ihm einen drei-
strängigen Strick um seinen Hals und hängen ihn
7 Fuß höher als einen verurteilten, vervehmten,
missethätigen Dieb."

Diese furchtbare Drohung erklärt es denn auch,
daß kein Fall bekannt ist, in welchem ein Wissender
sich hätte bewegen lassen, die Geheimnisse der Vehme
zu verraten. Ja die Scheu, in diese Geheimnisse
einzudringen, war bei den „Unwissenden" so groß,
daß sie nicht wagten, auch nur eine Vehmurkunde
zu eröffnen, welche die Aufschrift trug: „Diesen Brief
soll niemand öffnen, niemand lesen oder hören lesen,
es sei denn ein echter rechter Freischöffe der heimlichen beschlossenen Acht des heiligen Reichs." Solche
Urkunden fanden sich daher noch in unserm Jahrhundert unentsiegelt in den Archiven vor, weil niemand dem furchtbaren Rächer des Geheimnisses in
die Hände hatte fallen wollen.

Dasselbe Geheimnis umgab die Gesetze und Gebräuche der Freigerichte. Die Aufzeichnungen und Sammlungen derselben tragen außen und zum Eingang die Warnung, daß niemand sie haben oder lesen dürfe, es sei denn ein echter, rechter, freier Schöffe des heiligen römischen Reichs. Wer aber, ohne daß er ein Freischöffe wäre, das Buch eröffne, der solle des schweren heimlichen Gerichts gewärtig sein. Und in der That blieb das Geheimnis vor allen Nichtschöffen gewahrt, so sehr, daß häufig der geladne Angeklagte aus Unkunde der Einrichtungen in großer Furcht sich befand, ob er nicht aus Unkenntnis in Nachteil gerate. So z. B. wird berichtet, daß die Stadt Görlitz und fünf andre Städte in der Lausitz, als sie im Jahr 1428 vor einen Freistuhl geladen wurden, in größte Angst gerieten und selbst nach Erledigung der Sache sich noch nicht sicher glaubten, und daher durch einige zuverlässige Personen Kunde von der Uebung und Einrichtung der Vehmgerichte, wiewohl vergebens, einzuziehen sich bemühten.

Einige besonders angesehene Freigerichte hießen Oberhöfe oder Oberstühle, indem sie eine höhere Autorität in Vehmrechtsfragen in Anspruch nahmen,

und es scheint, daß hie und da an sie von andern
Freistühlen eine zweifelhafte Sache abgegeben oder
ihr Rat in Vehmfragen eingeholt wurde. Eine
eigentliche Berufung aber, so daß der Verurteilte die
Sache noch an ein höheres Gericht hätte bringen
können, gab es der Natur der Sache nach — wie
denn jedem Urteil die Vollstreckung alsbald folgen
sollte — nicht. Wohl aber mochte gegen eine unbe=
fugte Ladung Beschwerde an den Kaiser erhoben
werden. Auch konnte ein abwesend Verurteilter, wenn
er sein Ausbleiben auf die an ihn ergangne Ladung
zu entschuldigen wußte und wenn er ein Wissender
war, um neue Verhandlung der Sache bei dem Frei=
stuhl, welcher das Urteil gesprochen hatte, nachsuchen.
Zu diesem Behuf mußte er im heimlichen Ding mit
einem Strick um den Hals in Begleitung zweier
Freischöffen erscheinen und fußfällig um Gnade bitten.

Ein Zusammentritt der Freigrafen mit dem
Stuhlherrn kam bei den sogenannten General=
kapiteln vor, bei welchen indes auch die einfachen
Freischöffen zugelassen waren und deren oft gegen
tausend erschienen. Sie hatten namentlich die Auf=
gabe, die Vehmrechtsnormen fest= und klarzustellen
und die Freistühle zu beaufsichtigen.

Nicht nur für die Vollstreckung der Urteile, auch für die Entdeckung und Verfolgung von Verbrechen war die Verbreitung der Schöffen von hohem Belang. Denn sie hatten eine allgemeine Rüge= pflicht, sie waren verbunden, sei es auf Ansuchen des Verletzten, sei es aus eigner Wahrnehmung, solche Verbrechen, die nicht sonst ihren ordentlichen Richter fanden, vor einem Freistuhl auf roter Erde zur Anklage zu bringen. Ja, in gewissen Fällen konnten sie sofort richtend gegen den Verbrecher, wer es auch sei, einschreiten, kraft ihrer sehr weitgehenden Machtvollkommenheit „bei handhafter That".

Wurde nämlich von Freischöffen der Vehme der Verbrecher entweder auf der That selbst ergriffen oder mit den Werkzeugen, mit denen er die That vollbrachte, oder mit dem, was er durch die That sich angeeignet, auf eine Weise betreten, die ihn ganz unverkennbar als Thäter bezeichnete, oder wenn er die That gestand — die Vehmurkunden nennen es: „mit habender Hand, mit blinkendem Schein (evidenter That) oder mit gichtigem (bekennendem) Mund" — so konnte sogleich und wo auch der Verbrecher auf der That ergriffen werden mochte, also auch außer= halb Westfalen, gerichtet werden. Denn trafen nur drei Freischöffen jemand bei einem Verbrechen, das als Vehmsache galt, auf handhafter That: so konnten und mußten sie ihn zur Stunde richten, d. h. sie ergriffen ihn und henkten ihn an den nächsten Baum.

Da die Vehmrechtsgewohnheiten auch den „gichtigen Mund", das Geständnis des Angeklagten, zur handhaften That zählen: so folgt daraus, daß, wenn drei oder vier Schöffen von einem dritten außergerichtlich das Bekenntnis eines Verbrechens hörten, sie sofort ihn richten konnten.

Wenn sich also einer in Gegenwart mehrerer Schöffen eines Verbrechens berühmte, so konnten gegen ihn die Freischöffen auf der Stelle mit dem Strang vorgehen. Es war dies ein höchst gefährliches Recht: denn selten mögen die Schöffen wohl die Ernstlichkeit des Geständnisses untersucht haben, sondern schritten eben mit der Exekution ein.

Einen solchen Fall berichtet eine alte Chronik von Thüringen und Hessen. Als im Jahr 1412 Kaiser Rupert nach Hersfeld kam, so hielt er den jungen Ritter Simon von Waldenstein vorzüglich hoch. Simon kam mit achtzehn grauen Hengsten und war mit allen seinen Dienern ganz weiß gekleidet.

Wie er nun mit dem König und vielen Fürſten und
Herren zu Tiſche ſaß, da ſprach einer im Mut=
willen, der war dem Simon feind: „wie pranget
der von Waldenſtein ſo hoch, ich habe ihm wohl vier
Pferde genommen, und floge nicht ein Vogel dar=
nach.“ Das wurde dem Simon angeſagt und er ant=
wortete: „hätte er geſchwiegen, ſo wäre es mir un=
bekannt geweſen; haben nicht Vögel darnach geflogen,
ſo ſollen nun große Raben fliegen!“ und nahm den=
ſelben ſobald vom Tiſch, führte ihn hinaus und ließ
ihn an einen Baum henken, „das war ſein ver=
dienter Lohn ſeines ſchwaßhaften Mauls wegen“.
„Man ſagt — fährt der Bericht fort — von dieſem
Simon, daß er ſchon früher vierundzwanzig um ihrer
Untugend willen henken laſſen, feldflüchtige, treuloſe
und hängmäßige Böswichter, die wider Ehr und
Ehrbarkeit thäten, ſonderlich an Frauen und Jung=
frauen; was ihm deren zukam, ließ er alle henken,
keine Schande oder Untugend mochte er geleiden. Da
war auch Zucht und Ehr unter dem Adel. Denn
jedermann forchte die ſchnelle Straf.“

Das Recht der Freiſchöffen, einen Verbrecher
ſofort vom Leben zum Tode zu bringen, wurde frei=
lich nicht ſelten mißbraucht. So geſchah es von

Herzog Ulrich von Württemberg in seinem Handel mit Hans von Hutten. Der Herzog lebte mit seiner Gemahlin, der Herzogin Sabine in vielfachem Hader; sein Vertrauter, Hutten, erfreute sich der Gunst der Herzogin. Auf einer Jagd im Schön= buch, da Hutten einen von der Herzogin ihm ge= schenkten Ring trug, ließ der Herzog, der neben Hutten ritt, sein Gefolge sich entfernen und fiel nun plötzlich über seinen Vertrauten her und stieß ihn mit dem Schwert nieder; hierauf zog er demselben den Gürtel ab und knüpfte ihn damit eigenhändig an eine Eiche. Zu seiner Rechtfertigung erklärte der Herzog, er habe als westfälischer Freischöffe den missethätigen Junker gerichtet. Allein die Eigen= schaft als Schöffe würde ihn hierzu nur bei hand= hafter That oder gichtigem Mund und nur mit Zu= ziehung zweier weitern Schöffen berechtigt haben. Die That erregte allgemeinen Unwillen und auf Be= treiben der Huttenschen Verwandten fand sich der Kaiser schließlich bewogen, über den Herzog die Acht auszusprechen.

Eine dreifache Wirksamkeit war es, welche die Freischöffen im ganzen deutschen Reiche zum Schrecken aller Missethäter Jahrhunderte lang mit unerbittlicher

Strenge übten. Wo sie von einem Verbrechen Kunde erhielten, welches nicht etwa schon vom einheimischen Gericht geahndet worden, mußten sie die Anklage vor den Freistuhl bringen. Hatte dieser die Acht ausgesprochen und einen Mann vervehmt, so konnte jeder Schöffe in der Nähe des Vervehmten angehalten werden, denselben zu richten. Wer aber auf frischer That oder auch nur derselben nachher geständig von Schöffen betroffen wurde, den konnten und sollten sie sofort selbst vom Leben zum Tode bringen. Erwägt man nun die große, allmählich auf gegen hunderttausend gestiegne Zahl von Schöffen, ihre Verbreitung und Organisation, so muß ihre Bedeutung in der That als eine gewaltige erscheinen.

Die Freischöffen bildeten durch ihre Stellung zur Vehme gewissermaßen eine selbständige Macht im Reiche, geeint zum Schutz des Rechts und der Unterdrückten gegen alle groben Verbrecher, ein Hort der Verfolgten, ein Schrecken für den Uebermütigen.

Der kaiserliche Blutbann, welchen die Freigerichte in Westfalen handhabten und kraft dessen sie eines jeden Missethäters im ganzen Reiche mächtig zu sein erklärten, er blieb keine leere Drohung, wie so manches Gesetz jener Zeit. Dem Wort folgte die

That, und der Ruf vollstreckter Vehmsprüche durch-
zog alle Lande und beugte selbst den Trotz des Faust-
und Fehderechts.

Ein ausgezeichneter Forscher über Vehmgerichte
(Wigand, 1825) sagt: „Keine andre Einigung
und Verbindung kam dieser gleich. Was gerüstete
Heere nicht vermochten, wirkte hier der Ausspruch
des Rechts. Der Fürst oder Graf, der an der
Spitze seiner gerüsteten Mannen und hinter den
festen Mauern seiner Burg selbst dem Kaiser trotzte,
war entwaffnet, wenn der Bund, dem er nicht entrinnen konnte, ihn zum Opfer erkoren hatte. Selbst
ein trotziger Ritter verschmähte sorglos das Gebot
eines kaiserlichen Hofgerichts, das in den ersten
Städten des Reichs, in kaiserlichen Palästen seine
Sitzungen hielt; aber Städte und Fürsten erbebten,
wenn ein Freigraf sie an die alten Malplätze, unter
die Linde, oder an eines Flüßchens Ufer, auf westfälischen Boden heischte. Der gerichtlichen Gewalt
sich zu entziehen und dem Urteilsspruch zu entgehen,
war ein leichtes in jener Zeit. Aber wer vom
Freigericht gerichtet war, konnte nirgend entfliehen.
Ganz Deutschland war der Schöffen Land, und wo
er sich befand, war er mitten unter seinen Richtern.

Wie man von einer eiſernen Jungfrau erzählt, zu
der der Verurteilte geführt wurde, und die auf einen
Druck, wenn er ſich ihr nahte, ihn in ihre Arme
ſchloß und mit ſcharfen Meſſern zerſchnitt und vernichtete; ſo war auch das Urteil der Vehme, das der
Ankläger heimlich bei ſich trug, dem Zauberdruck zu
gleichen, der, wenn er den Verurteilten berührte, ihn
rettungslos in die zermalmenden Arme der Vehmge-
noſſen ſtürzte."

Es waren nicht gelehrte Richter, ſondern meiſt
einfache Landleute, welche dies in ihrem Volksgericht
vollführten. Und welcher Kontraſt gegen die mittelalterliche Juſtiz der Fürſten und Städte! Die Vehme
kannte kein inquiſitoriſches Verfahren, ließ nie den
Verdächtigen im Kerker ſchmachten, hat nicht ihn
durch Folter oder durch geſchraubte Fragen zum Ge-
ſtändnis getrieben und ihrer Strafe blieb all die
Grauſamkeit der verſtümmelnden Strafen und der
geſchärften Todesſtrafen ferne.

In Zeiten der allgemeinen Rechtsunſicherheit
war die Vehme in der That ein Hort des Rechts,
ein mächtiger Schutz der durch Gewalt Bedrohten,
der Redlichen Schutz, der Frevler Trutz.

Aber es darf auch die Kehrſeite des Bildes nicht

verschwiegen werden. Wie alle menschlichen Insti=
tutionen, so groß und wohlgemeint sie sein mögen,
so war auch die Einrichtung der Vehme im Laufe
der Jahrhunderte einer Entartung ausgesetzt,
welche schließlich ihren Untergang herbeiführen mußte
und in groben Mißbräuchen das ursprünglich so
makellose Freigericht in Mißkredit brachte. Der
Schöffenstand wurde nach und nach korrumpiert,
wohl auch mit infolge der massenhaften Aufnahme
der sich Meldenden aus allen Gauen des Reichs.
Während in den ersten Jahrhunderten streng darauf
geachtet worden, daß man nur Männer von ver=
bürgter Ehrenhaftigkeit und voller Zuverlässigkeit zu
Freischöppen mache, so ließen sich späterhin manche
Freigrafen durch Geld oder Einfluß eines Mächtigen
bestimmen, die nötige Prüfung zu unterlassen, und
danach drängten sich in die Reihen nicht nur der
Schöffen, auch der Freigrafen, Leute von zweifelhaf=
tem Charakter. Bestechung oder Haß wirkten bei
dem Richterspruch mit. „Ein korrumpierter Frei=
graf stellte das Urteil an einen parteiischen Schöppen,
welchem ein ebenso parteiischer Umstand dasselbe
finden half. Die Stuhlherrschaft sah durch die Finger,
weil sie selbst das ihrige von den Einkünften (den

Gebühren für die Aufnahme und den Gerichtskosten, welche die Partien zu leisten hatten) zog. Um die gesetzlichen Befreiungen kümmerte man sich wenig oder gar nicht mehr. Man maßte sich ohne weiters Kompetenz über bloße Zivilsachen an."

Die Mißbräuche, welche zu den vielfachsten Beschwerden Anlaß gaben, veranlaßten den Kaiser, daß er einer Reihe von Städten das Privilegium erteilte, nicht mehr vor ein Freigericht geladen werden zu können. Solche Exemtionen wurden bald auf ganze Territorien erstreckt. Mit der Erstarkung der landesherrlichen Gewalt und der Besserung in der allgemeinen Rechtssicherheit war ohnehin die innere Berechtigung der westfälischen Jurisdiktion für das übrige Deutschland gefallen. So schwand denn auch ihre Bedeutung schon im Lauf des sechzehnten Jahrhunderts fast völlig dahin. Die Vehmgerichte sind nie durch allgemeines Gesetz abgeschafft worden, aber die Geschichte hat ihren Niedergang und ihr Erlöschen zu verzeichnen, denn sie hatten ihren Dienst gethan.

Zweite Abteilung.

Die Hexenprozesse.

———

Erster Abschnitt.

Das Hexenwesen.

Gegen Ende des 15. Jahrhunderts und in den folgenden zwei Jahrhunderten sehen wir in fast allen deutschen Ländern zahllose Scheiterhaufen errichtet, auf welchen die beklagenswertesten Opfer der Justiz als Hexen und Zauberer verbrannt wurden.

Welche Verbrechen hatten sie verübt? sie waren beschuldigt, durch übernatürliche Mittel Menschen und Vieh, Saaten und Weinberge geschädigt, Krankheiten und Landplagen erzeugt zu haben. Das hätten sie vermocht durch einen Bund mit dem Teufel.

Sie alle wurden verurteilt auf ihr Geständnis hin. Alle diese Angeklagten aus den verschiedensten Gegenden Deutschlands und in drei Jahrhunderten gestanden das Gleiche, ihre Bekenntnisse waren der Ausdruck eines durch alle Schichten der bürgerlichen Gesellschaft verbreiteten Volksglaubens.

Und was haben sie eingestanden? Sie hätten sich dem Teufel ergeben und mit seiner Hilfe all die Greuel verübt, welche die öffentliche Meinung den Zauberern und Hexen zur Last legte. Zu solchem Geständnis mochten wohl vorzugsweise trübgestimmte Personen geneigt sein, die in ihrer Verdüsterung zu dem Wahn gekommen waren, sie würden von einem bösen Geiste beherrscht. Sie bekannten von sich alle die abenteuerlichen und schauerlichen Dinge, welche sie in ihren Kreisen hatten erzählen hören und welche bei Tag und bei Nacht ihre Gedanken und Träume erfüllten.

Vor ein einsames, einfältiges, trauerndes oder von Not bedrängtes — oder auch vor ein fürwitziges oder in Leidenschaft aufgeregtes Weib tritt plötzlich der Versucher. Er erscheint als schmucker Kavalier, als Junker, Jäger, Reiter oder auch als ehrsamer Bürgersmann und stellt sich unter eigentümlich-bedeutsamem Namen vor. Diese Namen sind an verschiedenen Orten verschieden; er nennt sich: Volland, Federlin, Federhans, Klaus, Hölderlein,

Peterlein, Kreutle; im Münsterlande: Frerichs, Rodderbusch, Jürgen.

In den Akten der Hexenprozesse kommen noch andre Namen vor: Junker Hans, Schönhans, Grauhans, Grünhans, Hans vom Busch, Heinrich, Grauheinrich, Hinze, Kunz, Künzchen, Teutchen, Nickel, Großnickel, Merten, Hemmerlin, Junker Storf, Junker Hahn, Göckelhahn, Schubbert, Jüngling, Schöne, Wolgemut, Wegetritt, Blümchenblau, Lindenzweig, Lindenlaub, Grünlaub, Eichenlaub, Grünewald, Zumwaldfliehen, Birnbaum, Birnbäumchen, Rautenstrauch, Buchsbaum, Stutzebusch, Stutzfeder, Weißfeder, Straußfeder, Federbusch, Flederwisch, Kehrwisch, Straußwedel, Grünwadel, Springinsfeld, Allerleiwollust, Reicheher, Leidenot, Hintenhervor, Machleid, Unglück, Schwarzburg, Dreifuß, Kuhfuß, Kuhhörnchen, Dickbauch rc. Er tröstet das Weib, verspricht ihr in ihren Bedrängnissen beizustehen, verheißt ihr vergnügtes Leben und großen Reichtum, mitunter auch droht und schreckt er. Er gibt ihr Geld, das sich aber meist übernacht in Scherben oder Dung oder dürres Laub verwandelt.

Häufig sind es auch arme, verführte und von ihrem Liebhaber verlaßne Mädchen, die sich dem

Teufel überlassen und von ihm hexen lernen, um sich an ihrem untreuen Liebhaber oder ihrer Neben= buhlerin zu rächen.

In Verdruß oder Zorn, namentlich in ehelichen Zwistigkeiten, läuft eine Frau von Hause weg — unterwegs stellt sie der böse Feind; spricht ihr zu, und sie — ergibt sich ihm und verübt danach aller= lei Schaden an ihrem Mann und der Nachbarschaft.

Was nun die eine freiwillig bekannt hatte, das wurde im Verlauf der Hexenverfolgungen tausend andern als ein auf ihnen lastender Verdacht vorge= halten und von ihnen — auf der Folter eingestanden.

In einem zu Freiburg i. B. verhandelten Prozeß vom Jahr 1546 gibt die Inquisitin, Anna Schweizer, genannt Besenmacherin, an: sie sei an einen armen Taglöhner verheiratet gewesen, welcher sie mit einer Tochter bei seinem frühen Tode in der bittersten Armut zurückgelassen. Eines Abends seien sie beisammengesessen „und hätten nichts gehabt und Hunger gelitten", da sei auf einmal ein Mann mit einem schwarzen Rocke, einem schwarzen Filzhute und hohen Schuhen eingetreten. Er habe freundlich mit ihnen geredet, „und als sie ihm ihre Angst und Not angezeigt", habe er gesagt: „ihnen würde ge=

holfen, so sie sich ihm ergeben; er sei der Hämmerlin und wolle ihnen alle Frohnfasten einen Gulden bringen. Aber Gott und allen Heiligen müßten sie abschwören." Das hätten sie dann auch aus Armut gethan. —

In dem badischen Städtchen Bräunlingen wurde Verena Hornung zum Tode verurteilt, nachdem sie (am 7. Mai 1632) auf der Folter ausgesagt: „Als sie einst wegen Mangel an Nahrung sehr betrübt gewesen, sei der böse Geist in Gestalt eines Mannes und in schwarzen Kleidern zu ihr gekommen; habe sie getröstet und gefragt, was ihr Anliegen und wie ihr zu helfen sei, er wolle ihr Geld geben. Darauf habe er mit ihr gegessen und getrunken und ihr das Geld gegeben; als sie aber damit wieder heimgekommen, seien alsbald Hafenscherben daraus geworden. Dieser böse Geist habe sich Hölderlin genannt und sei nachmals öfter, Tags und Nachts, zu ihr gekommen. Da sie sich demselben ganz ergeben, so habe er sie, obgleich sie sich sehr widersetzt, durch Schläge endlich gezwungen, Gott und alle Heiligen zu verleugnen. Zum Zeichen des Bundes mit ihm habe er Haar von ihrem Kopfe genommen u. s. w.

Mit glatten Worten bethört der böse Feind die

Arme, verführt sie, das Bündnis mit ihm einzu=
gehen, sich ihm hinzugeben — er drückt ihr mit seiner
Kralle das Teufelszeichen (Stigma) auf und ver=
schwindet. Nun gehen der Verblendeten die Augen
auf, aber — sie kann nicht mehr zurück. Der Teufel
nötigt sie, ihm sich zu verschreiben, Gott abzusagen
und zu lästern. Nun muß sie dem Teufel dienen.
Er unterweist sie, Menschen und Vieh Krankheit und
Unfruchtbarkeit anzuhängen, die Christen an Leib und
Seele, an Hab und Gut zu verderben, Gewitter und
Wind zu machen, und gibt ihr ein Pulver, womit
sie fremde Felder unfruchtbar machen kann u. s. w. Als
Mittel dient auch die Hexensalbe und allerlei Zauber=
formeln. Schon ein Apfel, ein Trank Bier von der
Hexe dargeboten, ja schon ein Hauch, ein böser
Blick kann zur Behexung genügen.

Die Hexe („Unholdin") ist bestrebt, unter
den Menschen Haß und Zwietracht anzurichten, insbe=
sondre Ehegatten einander zu entfremden, ihnen Ab=
neigung gegen einander beizubringen, das eheliche
Zusammensein zu verhindern.

Die Hexe kocht ihre Hexensalbe im Schädel eines
Hingerichteten und verwendet dazu die Herzen kleiner
Kinder und dergleichen.

Wer sich dem Teufel ergeben hat, muß am Hexensabbat teilnehmen. Dieser wird vorzugsweise in den christlichen Festzeiten, Ostern, Pfingsten, Johannis, Weihnachten, auch im Monat Mai (Walpurgisnacht) gefeiert, auf benachbarten Bergen oder in Schlössern oder auf Haiden oder im Rathskeller, oder an Kreuzwegen, auf Kirchhöfen oder andern gelegnen Plätzen abgehalten. Im nördlichen Deutschland ist namentlich der Blocksberg Ziel der nächtlichen Ausfahrt.

Zum nächtlichen Hexensabbat reiten die Hexen auf Besen oder auf Ofengabeln, welche mit der Hexensalbe bestrichen werden. Der Weg geht durch den Schornstein oder das Kammerfenster mit dem Ruf „Wohl aus und an, stoß nirgend an!" oder dergleichen. Bei der großen Versammlung wird dem Teufel gehuldigt und finden Mahlzeiten statt, doch ohne Salz und Brot; häufig werden kleine Kinder verzehrt. Nach dem Essen beginnt der Tanz und diesem folgt das unzüchtige Gelage mit den teuflischen Gesellen. Bei den Versammlungen kommt eine satanische Nachäffung der christlichen Sakramente vor; die Taufe wird mit Blut oder mit Schwefel und Salz vollzogen. Oft finden sich bei dem Teufelsbund Ver-

schreibungen mit Blut, oft auch die einfache Hul=
digung.

Die Schilderungen einer aufgeregten Phantasie
übten einen unwiderstehlichen Reiz durch schauerliche
und zugleich die Lüsternheit fesselnde Gebilde. Bei
dem fortwährenden Gerede darüber war man mit
der ganzen Terminologie des Hexenwesens vertraut,
und darin „fast mehr heimisch, als im Katechismus".

Jene Zeit erblickte den Teufel überall und in
tausend Gestalten: hinter jedem dunkeln Blatte eines
Strauches oder Baumes, hinter jedem verwitterten
Stein oder alten Gemäuer, in jedem körperlichen
Schmerze und jeder Versuchung witterte man seine
Kraft und Wirksamkeit.

Der Volksglaube schon des 13. Jahrhunderts
sieht den Teufel bald in Tiergestalt (als Kröte, Affe,
Hund, Katze, als Drache ꝛc.) bald in Menschenge=
stalt und zwar ebenso als Weib, wie als Mann,
den Leuten erscheinen. Wir begegnen in allen Kreisen
des Volkes der Ueberzeugung, daß der Teufel mit
seinen Dämonen überall in die Angelegenheiten der
Menschen eingreift und überall die Hand im Spiel hat.

An vielen Orten erzählte man sich von Zaube=
rern und Zauberinnen, die von dem Teufel, dem sie

sich ergeben, die Macht empfangen hätten, sich in
Wölfe zu verwandeln und in dieser Gestalt einzeln
oder in Scharen umherstreiften, Menschen und Tiere
anfielen — als „Werwölfe". Im Eindruck und auf
Vorhalt solcher Sagen gaben denn auch häufig die
Angeklagten auf der Folter zu Protokoll, daß sie hätten
„wulfen", in Wolfsgestalt Schaden stiften gekonnt.

Ueberblickt man die zahllosen Erzählungen von
Hexen und Zauberern, so ist auffallend, daß trotz der
großen satanischen Kunst und aller Vorspiegelungen,
durch die sie berückt wurden, all diese Weiber in
Elend und tiefer Armut stecken bleiben; auch die ver=
meinten Genüsse und Freuden bei den nächtlichen
Zauberfahrten und andrem Verkehr mit dem Teufel
geben ihnen keine wahre Befriedigung. Ein zweites
charakteristisches Merkmal ist, daß der Teufelskult als
durchgehende Parodie der christlichen Religion sich
ausprägt und seinen Mittelpunkt darin findet, daß
Hexe und Zauberer ihre Taufe und den christlichen
Glauben abschwören. In diesen beiden Merkmalen,
namentlich auch in dem des Betrogenwerdens durch
den Teufel, liegt das tiefe Volksbewußtsein von der
Nichtigkeit aber auch Verwerflichkeit des ganzen
Zauberwesens.

Zweiter Abschnitt

Die Verfolgung.

Schon die ersten christlichen Kaiser des römischen Reichs bedrohten in ihren Gesetzen die Zauberei mit Todesstrafe. Sie erachteten dies umsomehr gerechtfertigt, als, nachdem der heidnische Kultus unterdrückt und verboten war, viele geheime Anhänger denselben unter der Form der Zauberei fortsetzten.

Auch die ältesten deutschen Rechtsbücher, der Sachsenspiegel und der Schwabenspiegel, setzten auf die Zauberei den Feuertod.

Die Volksmeinung hielt für unzweifelhaft, daß durch zauberische Mittel andern Menschen Schaden an Leben, Gesundheit, Hab und Gut zugefügt werden, Verbrechen, welche um so strafbarer erschienen, als sie, ähnlich wie die Vergiftung, mit Leichtigkeit und in heimlicher Weise verübt, die gemeine Sicherheit in besonderm Grad zu bedrohen schienen.

Demgemäß setzte auch die **Peinliche Gerichts-ordnung Karls V.** (die Karolina) die Strafe des Feuers auf das Verbrechen der Zauberei, wenn durch dieselbe jemandem Schaden zugefügt werde.

Von einem Teufelsbündniß oder gar von Teilnahme an Hexensabbaten findet sich in dem Reichsgesetz nichts. Ebensowenig ist die Rede von Zaubermitteln, die nicht auf Schädigung gerichtet sind, sondern Heilungen von Krankheiten oder den Schutz von Saaten und Weinbergen bezwecken sollten.

Indes gingen die Juristen jener Zeit und unter ihrem Einfluß die Gerichte in ihrer Praxis viel weiter. Sie wurden in dieser Hinsicht von der Anschauung der Kirche beherrscht und vermeinten, mit Strafe auch da einschreiten zu müssen, wo es zunächst sich um kirchliche Vergehen handelte.

Die Kirche erblickte nämlich einen Abfall vom christlichen Glauben darin, wenn ein Christ sich den satanischen Mächten hingab, um mit ihrer Hilfe durch übernatürliche Mittel geheimnisvolle Wirkungen zu erzielen. So wurde die Zauberei mit der Ketzerei zusammengestellt. Hiernach fanden es auch die Ju-

risten gerechtfertigt, daß auf den Bund, ja schon auf
den Verkehr mit dem Teufel, dessen Realität für
die Volksüberzeugung feststand, — die Strafe der
Zauberei, der Feuertod, gesetzt werde.

Die römische Kirche verfolgte Abweichungen von
ihrer Lehre in der katholischen Christenheit als Ketzerei
durch die Inquisition. Fiel nun das Hexenwesen
unter den Begriff der Ketzerei, so erschien es angezeigt,
auch zur Ausrottung derselben die kirchliche Inquisition aufzubieten.

So war in Frankreich schon im 14. Jahrhundert durch die Kirche der Hexenprozeß vollständig
ausgebildet. Zauberei und Ketzerei wurden in der
Regel als miteinander verbunden betrachtet. Daher
finden sich sehr häufig Ketzer unter der Anklage der
Zauberei vor die Inquisition geführt und verurteilt.
In Carcasonne wurden von 1320 bis 1350 über
400 Zauberer prozessiert und davon die Hälfte hingerichtet; im Jahr 1357 kamen dort 31 Hinrichtungen vor. In Toulouse wurden in jenen drei
Jahrzehnten 600 Urteile wegen Zauberei gefällt.

Fast in allen europäischen Ländern finden wir
umfassende Hexenverfolgungen, namentlich auch in
England, in der Lombardei, in Spanien, in Flan-

dern, in den Niederlanden, in Schweden; ferner in
der Schweiz, in Ungarn, in Tyrol.

In Deutschland aber wurde die Inquisition
und die Hexenverfolgung erst gegen Ende des 15.
Jahrhunderts eingeführt. Es geschah dies von Papst
Innocenz VIII. mittelst einer Bulle vom Dezember
1484. Es werde ihm berichtet, sagt der Papst, daß
in Deutschland viele Personen beiderlei Geschlechts
mit bösen Geistern sich verbinden, durch ihre Zaubereien Menschen und Tieren schaden, die Felder
und ihre Früchte verderben, den christlichen Glauben
ableugnen und andre Verbrechen vom Feinde des
menschlichen Geschlechts getrieben begehen. Es werden deshalb zwei Professoren der Theologie, die
Dominikaner Heinrich Institor (Krämer) und
Jakob Sprenger, jener für Oberdeutschland,
dieser für die Rheingegend, als Inquisitoren mit
den ausgedehntesten Vollmachten bestellt. Sie sollen
„wider alle und jede Personen, wes Standes und
Vorzuges sie sein mögen, solches Amt der Inquisition vollziehen und die Personen selbst, welche sie
schuldig befinden, nach ihrem Verbrechen züchtigen,
in Haft nehmen, am Leib und am Vermögen
strafen, auch alles und jedes, was dazu nützlich

sein wird, frei und ungehindert thun und dazu, wenn
es nötig sein wird, die Hilfe des weltlichen Arms
anrufen".

Schon damals vermuteten manche, der Papst
habe mit dieser Bulle etwas ganz andres beabsichtigt;
es seien zwar die H e x e n genannt, aber eigentlich
die K e t z e r gemeint gewesen; um unter diesem für
das g e m e i n e V o l k annehmbaren Vorwande nach
und nach jene furchtbare J n q u i s i t i o n selbst ein=
zuführen, welche in andern Ländern schon seit dem
Jahr 1216 bestand, gegen welche sich aber die
D e u t s c h e n von jeher auf das kräftigste gesträubt
hatten.

In der That wurden in der Folgezeit an vielen
Orten, so namentlich in Bamberg, Würzburg, dem
Münsterlande, die Prozesse wegen Zauberei als Mittel
benutzt, die Gegenreformation durchzuführen, die Evan=
gelischen und an andern Orten namentlich die Wal=
denser zu verfolgen.

Jnstitor und Sprenger unterzogen sich ihrem
Auftrag mit größtem Eifer. Um auch mit den
Waffen der Wissenschaft das ihrige zu thun,
schrieben sie mit Approbation der theologischen Fakultät
in Köln ein wahrhaft berüchtigt gewordnes Buch, den

Hexenhammer (Malleus maleficarum), in wel=
chem die Lehre vom Zauberbunde mit dem Teufel
weitläufig auseinandergesetzt und Anleitung gegeben
wird, die Hexen und Zauberer ausfindig zu machen
und gerichtlich gegen sie zu verfahren. Dieses, erst=
mals im Jahr 1489 zu Köln gedruckte Buch, wel=
ches bald die höchste Autorität in geistlichen und welt=
lichen Gerichten erlangte, lehrt namentlich die An=
wendung der Folter in einem Umfange, wie sie
seither unerhört gewesen: wenn eine der Zauberei
Verdächtige die Tortur ausgestanden und dennoch
nicht zum Schrecken und Bekenntnis gebracht worden,
so möge man die Tortur fortsetzen und die Angeklagte
des zweiten oder dritten Tages wieder auf die Folter
legen. Bekennt sie, so werde sie dem weltlichen Arm
übergeben, an ihr die Todesstrafe zu vollziehen.
Leugnet sie, so mag sie der Richter in den schmutzig=
sten Kerker werfen, um sie mit der Zeit zum Be=
kenntnis zu bringen, es daure nun eine kurze Zeit,
oder Jahre.

Von dem Hexenhammer sagt ein Schriftsteller
aus dem Anfang des 18. Jahrhunderts: „Dieses
ist das Buch, nach welchem und den darin ange=
nommenen Lehrsätzen einige Hunderttausend Menschen

um ihre Ehre, ihr Hab und Gut und um ihr Leib
und Leben gebracht und nach einer grausamen Marter
durch einen erschrecklichen Tod sind hingerichtet
worden."

Während früher die geistliche Gerichtsbarkeit
den Prozeß wegen Zauberei eingeleitet und die
Schuldigbefundenen dem weltlichen Arm zur Straf-
vollstreckung übergeben hatte, zogen später die weltlichen Gerichte das Verbrechen der Zauberei aus-
schließlich vor ihr Forum, wobei sie aber ganz dieselben Gesichtspunkte verfolgten, wie die kirchliche
Inquisition.

Wesentlich befördert wurde die Verfolgung der
Zauberer und Hexen durch eine in jener Zeit ein-
getretene Umbildung des Strafverfahrens. Ein
solches konnte überhaupt nach dem älteren deutschen
Recht nur auf Anklage eingeleitet werden, wo dann
der Ankläger dem Angeklagten offen gegenübertreten
und die Wahrheit seiner Anklage erweisen mußte, und
zwar in der Regel durch „Eidhelfer", d. h. indem
andere glaubwürdige Männer mit ihm durch Eid die
Zuverlässigkeit seiner Angabe bekräftigten. Dies
änderte sich im 15. Jahrhundert. An die Stelle
des akkusatorischen trat das inquisitorische und geheime

Verfahren. Der Strafprozeß wurde nicht mehr bloß auf Anklage, sondern von Amtswegen eingeleitet und bezüglich des Beweises machte man alles vom Geständnis des Angeklagten abhängig, welches der Richter auf alle Weise herbeizuführen suchte. Als energisches Mittel hiezu wurde nach dem Vorgange der Italienischen Doktrin und Praxis auch von der deutschen Wissenschaft und Praxis zur Folter gegriffen, und dieselbe nach und nach durch Landesgesetze und im 16. Jahrhundert durch die Reichsgesetzgebung in der peinlichen Gerichtsordnung Karls V. bestätigt.

Während aber die gesetzliche Regel eine Anwendung der Folter ursprünglich erst dann zuließ, wenn durch andre Beweismittel sattsame Anhaltspunkte für die Schuld des Angeklagten gewonnen waren, setzte sich bei Hexenprozessen die gerichtliche Praxis bald über diese Schranke hinweg und stellte den Grundsatz auf: die Zauberei bilde ein Ausnahme-Verbrechen, bei welchem schon ein leichter Verdacht, schon entfernte Anzeigen (Indizien) es rechtfertigten, zu Erhebung der Wahrheit, zu Erlangung von Geständnissen, auf Folter zu erkennen. Es genügte, daß die Angeschuldigte im Geruche der Hexerei stand.

Haß, Mißgunst, Bosheit durfte einem Weibe nur nachsagen, sie sei eine Hexe; so galt sie dafür — und, kam es nur erst zur Folter, so war selten mehr ein Entrinnen; sie war dem fast sichern Tode verfallen.

Da bezeugte nun der eine: die Angeschuldigte gelte seit längerer Zeit im Dorfe als verdächtig; der andere: es sei im letzten oder vorletzten Sommer ein Gewitter gewesen um dieselbe Zeit, als jene von dem Felde zurückgekommen; ein dritter hatte bei einem Hochzeitschmause plötzlich Leibweh verspürt und es hatte sich später ergeben, daß die Angeklagte gerade um diese Zeit vor dem Hause vorübergegangen war; einem vierten war nach einem Wortwechsel mit der= selben ein Stück Vieh krank geworden; ein unwissen= der Arzt erklärte eine Krankheit für einen „Nacht= schaden", d. h. durch Zauberei bewirkt.

Ein schwerer Verdachtsgrund war es, wenn die Angeschuldigte andern geschadet haben sollte. Und auch hier nahm man es mit dem Kausalzusammenhang außerordentlich leicht. Hatte ein Hagel die Felder eines Dorfes zerstört, oder fiel einem Bauern schnell ein Stück Vieh oder wurde sein Kind krank, und eine darauf als Hexe Angegebene gestand am Ende auf der

Folter, daß sie mit Hilfe des Teufels gehagelt oder
das Vieh verzaubert oder dem Kinde etwas angethan
habe; so zweifelte man nicht im geringsten am Kausal-
zusammenhange; man hatte ja das Geständnis und
den eingetretenen Schaden, und der Kausalzusammenhang wurde durch den festen Hexenglauben vermittelt.
Eine im Geruche der Hexerei Stehende durfte nur
einmal einem Nachbar Böses angewünscht haben und
dieser oder sein Kind oder seine Kuh später krank
werden: so hatte es die Hexe ihm angethan. Ebenso
genügte, daß die angebliche Hexe einen Menschen an-
gerührt hatte, welcher nachgehends krank wurde

Bei einem Hexenprozeß in dem württembergischen
Städtchen Möckmühl im Jahre 1656 waren Haupt-
anzeigen, wegen welcher die Angeschuldigte gefoltert
und dann auf ihr erzwungnes Geständnis hingerichtet
wurde: daß ein Bauer von ihr Kuchen zu essen bekommen habe, worauf ihm unwohl geworden; ferner
daß ein Bauer von ihr einen alten Sack entlehnte,
mit dem er unbefugterweise seine Hosen füttern
ließ, und er dann später am Knie einen Schaden
bekommen; endlich daß sie einem Bauern gedroht
habe, worauf sein Ochse krank geworden.

Einst wurden in Oestreich (auf dem Pliezenberg

bei Fulneck) zwei Weiber verbrannt, „weil sie zur Sommerszeit viel in Felsen und Wäldern herumgewandelt und Kräuter gesucht" hatten.

Im Jahr 1665 wurde ein Weib zum Tode verurteilt, deren Prozeß damit anfing, daß eine Nachbarin gesehen haben wollte, wie sie nach empfangnem Abendmahl beim Umgang um den Altar den Mund wischte; darauf hin ward sie bezichtigt, die Hostie aus dem Mund genommen zu haben, um sie zu Zaubermitteln zu verwenden.

Die ganze Phantasie der Menschen war durch die Hexenprozesse vergiftet. Wo nur in einer Gemeinde Unglücksfälle, Beschädigungen oder Unfälle irgend einer Art sich ereigneten, schrieb man sie den Hexen zu.

Der unschuldigste Mann war gegen eine Anklage nicht gesicherter, als der schlimmste Bösewicht; denn der Verdacht konnte sich gegen jeden richten. Ereignete sich z. B. irgendwo ein Unglücksfall, trat eine langandauernde Dürre ein, vernichtete ein Gewitter mit Platzregen oder Hagelschlag Felder und Fluren, schlug der Blitz ein, wurde das Vieh auf der Weide oder im Stalle von einer Seuche befallen, erkrankte irgend eine Person aus ihr unbekannten Gründen, so war man fest überzeugt, daß ein Zauberer oder eine Hexe im Orte ihr Unwesen treiben. Jedermann forschte nach, wer wohl der Zauberer oder die Hexe sei.

Hatte etwa jemand während eines Gewitters allein an der Stelle im Felde gestanden, wo sich das Gewitter erhob oder zuerst entlud, so war das ein schwerer Verdachtsgrund gegen ihn. Denn warum stand er dort in jener Zeit, wenn er nicht das Gewitter herbeirufen wollte? Hatte ferner ein Mann oder eine Frau ein Stück Vieh gelobt oder gestreichelt, das später erkrankte, oder einen Menschen unvermutet angesprochen oder schief angesehen, der sich bald nachher unwohl fühlte, so trugen sie auch unzweifelhaft die Schuld an der Erkrankung des Viehes oder des Menschen. Der eine sprach den Verdacht gegen einen Freund im Vertrauen aus, der andre brachte ihn auf die Straße; man redete davon hin und her, bis er sich festsetzte.

Einem Bürgersmann in einem Landstädtchen fiel sein Pferd bei Nacht. Darauf kommt er zu einer ehrbaren Matrone, verlangt von ihr Bezahlung seines Pferdes, wenn sie nicht wolle als Hexe angegeben sein; denn es sei ihm gezeigt worden, daß sie es dem Pferde angethan habe. Die Frau schickt ihn entrüstet weg. Er aber klagt vor dem Schöffengericht der Stadt die Frau an als eine Hexe und Erwürgerin seines Pferdes. Die Frau wird gefänglich einge= zogen und erst der Wasserprobe unterworfen, da= nach auf die Folter gelegt. Nachdem sie hier zweimal an der Leiter aufgezogen worden, bekannte sie. Aber gleich nach der Peinigung widerrief sie und protestierte: ihr Bekenntnis sei nur durch den unleidlichen Schmerz erzwungen. Mit Fortsetzung der Folter bedroht, er= klärte sie endlich, sie wolle sich lieber lassen verbrennen und sterben, als noch einmal so grausame Pein leiden, welches ihr widerfahren würde, wenn sie auf ihrer Unschuld beharrte. Sie bekannte also, was man von ihr verlangte und wurde als Hexe verbrannt.

Man suchte nach Anhaltspunkten für die Be= gründung des Verdachts. Und was galt da nicht alles für ein Zeichen der Schuld! Hatte der Ver= dächtige sich durch Ordnungsliebe, Fleiß und Spar= samkeit ein gutes Fortkommen gesichert, so warf ihm der Teufel die blanken Goldstücke scheffelweise durch den Schornstein; war er als leichtsinnig und ver= schwenderisch bekannt, so konnte man von einem Menschen, der mit dem Teufel Umgang pflog, nichts

Beſſres erwarten. Beſuchte er regelmäßig die Kirche und ſprach er mit Abſcheu über Zauberer und Hexen, dann ſuchte er heuchleriſch den Verdacht von ſich abzulenken; hatte er einen Zweifel an der Wirklichkeit des Hexentreibens zu äußern gewagt, ſo entſprangen ſolche frevelhafte Worte nur einem ſchuldbeladnen Gewiſſen.

Die geringfügigſten Umſtände konnten in Verdacht bringen. Wenn eine Perſon lange in den Tag hinein ſchläft, ſo folgerte man, daß die nächtlichen Hexenzuſammenkünfte ſie müde machten; wenn ſie Wunden oder Striemen am Leibe hat und man weiß die Urſache nicht, ſo war es eine Anzeige, daß es der Teufel, mit dem ſie zu ſchaffen gehabt, gethan.

War die Angeſchuldigte bei der Verhaftung erſchreckt: ſo galt es als Anzeige der Schuld; war ſie gefaßt: ſo galt es noch mehr dafür; denn wer anders, als der Teufel, ſollte ihr dieſe Faſſung geben!

Als Verdachtsgrund galt namentlich die Flucht, die doch höchſt natürlich war, da man allgemein wußte, wie man damals folterte. Und dabei nahm man auch den Beweis der Flucht auf das leichtfertigſte. So erzählte der Jeſuit Spee, welcher im Anfang des 17. Jahrhunderts in Würzburg lebte:

„Es kam aus einem Dorf eine Frau zu mir gelaufen, sich Rats bei mir zu erholen, und mir zu beichten, daß sie denunziert worden; sie sei gleichwohl nicht der Meinung, daß sie fliehen wollte, sondern sie wollte wieder heim gehen, welches ich ihr dann auch geraten. Sie bekümmerte sich aber vornehmlich darum, daß, wenn sie etwa gefangen genommen und gefoltert würde, sie aus Schmerzen über sich lügen, und sich also selbst in die ewige Verdammnis stürzen möchte. Ich gab ihr zur Antwort, daß diejenigen, welche solchergestalt lügen müßten, nicht tötlich sündigten, derowegen sie denn auch des andern Tags wieder nach ihrem Dorf gegangen und darauf alsbald — weil es hieß, sie wäre flüchtig geworden, gefänglich eingezogen und alsobald gefoltert worden, da sie denn auch die Schmerzen nicht ausstehen können, sondern sich zu dem Laster bekannt und darauf den Tod ausgestanden hat."

Die gefährlichste Anzeige aber, welche zugleich erklärt, wie aus einem Hexenprozesse Hunderte von Hexenprozessen entstanden, war die Aussage der Gefolterten auf Mitschuldige. Der Richter will von ihr, wenn sie der Hexerei geständig ist, auch wissen, wer zugleich mit ihr auf dem Hexentanz ge=

wesen. Sie wird gefoltert, bis sie in Verzweiflung die nächsten besten nennt, oder die Namen, welche der Richter ihr vorsagt, bejaht. Oft ergreift sie auch Unmut oder Bosheit; warum soll sie allein die Gemarterte sein? In Bamberg wurde im Jahr 1629 ein armes Weib gefoltert auf die Angabe derer, die sie auf dem Hexentanze gesehen haben wollten. Unter Thränen ruft sie aus: „mich armen Tropfen hat man von meinen Kindern genommen und die Vornehmen verschont man!" Und nun gibt sie, um es auch den Vornehmen einzutränken, lauter solche an, den Bürgermeister von Bamberg und seine Frau, den Forstmeister, die Apothekerin, und so fort, und die meisten von denen, die sie angab, brachte dann die Folter auf den Richtplatz.

In Nördlingen wurde im Jahr 1590 die Frau eines angesehenen Beamten in Untersuchung wegen Hexerei gezogen. Nichts lag gegen sie vor, als die Aussage einiger Weiber, sie auf dem Hexentanz gesehen zu haben. Durch die Folter preßt man ihr ein Geständnis aus. Man will aber auch Mitschuldige wissen; sie bittet, man solle sie nicht zwingen, auf Unschuldige zu bekennen und diese in gleiche Gefahr zu stürzen! Allein wiederholte Foltern pressen ihr einige Namen aus, — und sie und die von ihr Angegebnen fanden ihren Tod auf dem Scheiterhaufen.

Wehe demjenigen, der früher in einem Hexenprozeß als Schuldiger angegeben worden oder mit einem Gerichteten in Freundschaft oder Verwandtschaft stand. Für ihn gab es kaum noch ein Mittel, sich zu retten.

Diese „Besagung", die Aussage der Gefolterten auf andre Personen, welche sie bei der Hexenversammlung gesehen habe, war besonders dann belastend, wenn mehrere Angeschuldigte einen und denselben Namen genannt hatten, eine Uebereinstimmung, welche sehr häufig durch Richter und Folterknechte oder Gefangenwärter durch Vorhalt, wie: „ei, kennst du denn die und die nicht auch?" „war die N. nicht auch auf dem Tanz?" und dergleichen erwirkt wurde. Häufig bereute danach die Besagende, daß sie Unschuldige angegeben; sie möchte ihre Aussage widerrufen. Allein, sowie sie dies thut, wird sie abermals auf die Folter gelegt. Die Furcht vor neuer Folter hindert sie, die Besagung zu widerrufen. „Denn," so schreibt ein Augenzeuge jenes Prozesses, „es kann keiner, der die Folter nicht selbst versucht, glauben noch begreifen, was dieselbige vermag, und wie sehr solche diejenigen scheuen, die sie einmal ge= schmeckt haben." Und — fügt derselbe hinzu: wie oft mochten diese Gequälten in ihrer Phantasie be= thört und geblendet sein, daß sie meinen, sie haben gesehen, was sie in Wahrheit nicht gesehen haben.

Diese letztere Auffassung der Angaben über Hexen= versammlungen findet sich auch schon in einer Schrift über die Hexen von Ulrich Molitoris, Prokurator der bischöflichen Kurie zu Konstanz, vom Jahr 1489. Hier ist ausgeführt, daß solche Weiber zwar aus Ver= zweiflung, oder Armut, oder Haß, oder um andrer Versuchungen willen, von Gott abfallen und mit dem Teufel ein Bündnis eingehen, — daß aber ihre An= gaben von nächtlichen Luftfahrten auf Selbsttäuschung, Träumen, allzureizbarer Phantasie u. dgl. beruhen.

Indes nahm die Verfolgung ihren Fortgang. Die Inquisitoren zogen da und dort von Stadt zu Stadt, von Dorf zu Dorf, und forderten durch Anschlag am Rathaus oder der Kirche auf, jede Person, von welcher man etwas Zauberisches wisse, anzuzeigen. Dabei wurde jedes Zeugnis als vollgiltig betrachtet, selbst das der Eheleute gegeneinander, der Kinder gegen die Eltern. Hier und da sendeten die Untersuchungs=

richter Späher in die Gemeinden und fanden dann
in den bedeutungslosesten Aeußerungen, welche Kinder
im Verkehr miteinander thaten, einen willkommenen
Anlaß zur Einleitung eines Hexenprozesses.

Im Jahr 1662 kam es vor, daß in dem Ort
Deizisau (bei Eßlingen am Neckar) der zehnjährige
Sohn eines Schmieds zu einem seiner Schulkameraden
sagte: „Meine Ahne (Großmutter) ist auch nichts
nutz; ich bin mit ihr bei Nacht schon ausgefahren."
Obwohl bezeugt wurde, der Bube habe ein böses,
tückisches Gemüt, sollte nun die alte Großmutter verhaftet und gefoltert werden. Sie wurde lange verfolgt, bis man endlich im Waldesdickicht ihre halb-
verweste Leiche auffand.

Der Hexenwahn schonte kein Alter und kein
Geschlecht. Männer und Frauen, Vornehme und
Geringe, Gebildete und Ungebildete fielen ihm in
gleicher Weise zur Beute. Seine Fangarme um-
spannten das Kind in der Wiege und den Greis am
Rande des Grabes, den Mann bei der Arbeit, wie
die Mutter im Kreise der Familie. Vor ihm schützte
keine Tugend, kein Laster, nicht die strengste Zurück-
gezogenheit, noch das Hinaustreten ins öffentliche
Leben. Der Wanderstab lieferte in die Hände der

Ketzerrichter; aber auch das Vaterhaus schützte nicht vor Verdacht und Angebereien. Freundschaft und Feindschaft konnten gleich verderblich werden; die Bande des Blutes wirkten gefahrdrohend nach auf Kinder und Kindskinder. Denn hatte sich eine Mutter unter den Qualen der Folter als Hexe bekennen müssen, so traf die Kinder die Anklage, daß sie eine Teufelsbrut seien; wurde ein Familienvater verurteilt, so fahndete man bald auch auf seine Hausangehörigen, als von demselben Verbrechen selbstverständlich angesteckt.

War nun die Sache von irgend einer Seite vor den Untersuchungsrichter gebracht, so sammelte dieser die Verdachtsgründe, ohne daß der Beteiligte etwas davon erfuhr. Freunde und Feinde, Nachbarn und Fremde wurden über sein bisheriges Thun und Lassen, über die Gerüchte, die sie über ihn gehört, über alle Worte, die er zufällig oder absichtlich gesprochen hatte, befragt und ihnen strenge Verschwiegenheit auferlegt und zugesichert. Ihre Aussagen bildeten das Material der Anklageschrift, auf welche hin das Gericht die Einleitung des Prozesses und zunächst die Festnahme des Angeklagten verfügte.

Dritter Abschnitt.

Wasserprobe und Nadelprobe.

Wenn nun solche „Anzeigen" gegen eine Person vorlagen, so konnte gegen sie auf Folter erkannt werden. Häufig aber unterzog man sie vorher noch der „Wasserprobe". Sie wurde entkleidet, darauf kreuzweis gebunden, so daß die rechte Hand an die große Zehe des linken Fußes und die linke Hand an die große Zehe des rechten Fußes fest geknüpft war und sie sich nicht rühren konnte. Darauf ließ sie der Henker an einem Seile in einen Fluß oder Teich dreimal hinab. Welche nun in solcher Positur oben schwammen, die wurden für Hexen gehalten und von dem Wasser, wenn sie nicht durch freiwilliges Bekenntnis zuvorkamen, an die Tortur gebracht.

Diese Wasserprobe stützte man bald auf die Meinung: daß den Hexen vom Teufel eine spezifische Leichtigkeit des Körpers verliehen sei, welche sie nicht untersinken lasse, bald auf den Satz: das Wasser nehme die nicht in seinen Schoß auf, welche das Tauf= wasser — bei der Lossagung vom christlichen Glau= ben — von sich geschüttelt hätten.

Oft aber wurde erhoben, wie der Henker bos= hafterweise die Unglückliche in der Art an seinem Seil über dem Wasser gehalten hatte, daß sie nicht sinken konnte. Und die medizinische und philosophische Fakultät zu Leiden gab ihr Gutachten schon unter dem 9. Januar 1594 dahin ab, daß die Wasserprobe in keiner Weise als Beweismittel gelten könne; denn, daß die angeblichen Hexen so oft auf dem Wasser schwämmen, erkläre sich aus der Art, wie sie kreuz= weise gebunden ins Wasser gesenkt würden, indem sie auf dasselbe mit dem Rücken wie kleine Schiffchen zu liegen kämen.

Gleichwohl brachte man dies „Hexenbad" mit Vorliebe fortwährend, oft vor Hunderten von Zu= schauern, gegen halbwegs Verdächtige in Anwendung.

Bürgermeister und Schöffen der Stadt Her= ford ließen (1627—31) eines Morgens über

30 Weiber, welche der Zauberei bezichtigt worden,
aus ihren Betten aufs Rathaus holen, wo ihnen die
Wasserprobe angekündigt wurde. Sofort wurden
sie vom Nachrichter gebunden aufs Wasser geworfen
und, da sie oben schwammen, festgenommen und
auf die Tortur gebracht. Nachdem man durch Pein
und Martern Bekenntnisse erlangt, wurden sie sämt=
lich vor das peinliche Halsgericht gestellt, zum Feuer=
tode verurteilt und verbrannt.

Eine andre Probe, die in der Regel mit der
Verdächtigen vorgenommen wurde, ehe man zu An=
wendung der Folter schritt, mitunter auch, wenn sie
auf der Folter standhaft geblieben war, hieß die
Nadelprobe oder das Aufsuchen eines Hexenzeichens
am Körper der Angeschuldigten.

Man glaubte nämlich, am Körper einer wirk=
lichen Hexe gebe es Stellen, welche gefühllos seien
und kein Blut enthalten, so daß, wenn mit einer Nadel
hineingestochen werde, die Hexe es nicht fühle und
kein Blut fließe. Die Angeschuldigte wurde daher dem
Henker übergeben, welcher an ihrem ganzen Körper
nach einem solchen Hexenstigma sucht und mit der
Nadel in jede ihm auffallende Stelle (Muttermale,
Leberflecken, Narben u. drgl.) sticht, um zu erproben,

ob Blut fließe. Dabei kam es häufig vor, daß der Untersuchende boshafterweise statt mit der Spitze, mit dem Knopf der Nadel auf die Stelle drückte und nun diese für ein Hexenzeichen erklärt wurde; oder daß er sich nur stellte, als ob er steche, und darauf rief, er habe das Zeichen gefunden, die Stelle sei unempfindlich und es fließe kein Blut.

Nun war es über allen Zweifel erhaben, daß dieses Malzeichen der Angeklagten vom Teufel aufgedrückt worden sei, als Besiegelung des mit ihm eingegangenen Bündnisses, daß sie also wirklich eine Hexe sein müsse. Daraufhin mußte gefoltert werden, bis sie sich zum Geständnis aller für den Untersuchungsrichter vornherein unzweifelhaften Thaten herbeiließ.

Häufig wurde der Prozeß schon mit dem Aufsuchen des Hexenzeichens eröffnet. Auf bloßes „Besagen" oder irgend einen andern Verdachtsgrund hin wurden Frauen und Mädchen festgenommen und vom Scharfrichter auf das Hexenmal in der angegebnen Weise untersucht.

Vierter Abschnitt.

Die Folter.

Die furchtbarste Waffe der Hexenrichter lag in der Folter, in dem Mittel, durch unerträgliche Qualen dem Verdächtigen Geständnisse abzunötigen.

Im 15. Jahrhundert erhielten manche Gerichte von den Kaisern besondere Privilegien, durch welche sie zum Richten auf Leumund ermächtigt wurden, d. h. zur Verurteilung der Verdächtigen auch ohne Zeugen der That oder Eideshelfer des Anklägers, wenn der Rat oder das Gericht erkenne und spreche, „daß sie ihrer Stadt Lande oder Leute heimlich oder öffentlich schädliche Leute seien". Doch sollte nicht auf bloßen Verdacht oder Wahrscheinlichkeit hin gerichtet werden, sondern nur, wenn dem Gericht gar kein Zweifel mehr an der Schuld des Angeschuldig=

ten übrig bleibe. Um nun die Schuld festzustellen, suchten die Gerichte auf alle Weise ein Geständnis zu erzielen, und als Mittel hiefür wurde bald durch gelehrte Autoritäten — die Tortur empfohlen. Selbst kaiserliche Privilegien ermächtigten einzelne Gerichtsherren, daß sie: „die übelthätigen verläumdeten Leute, wo sie betreten würden, antasten, fahen und ihrer Mißhandlung nach mit peinlicher Marter fragen und auf eines Jeden Bekenntnis und offenbare Handlung richten, strafen und büßen sollen mögen, wie Richter und Urteilssprecher das erkennen".

Mit der Anwendung dieser „peinlichen Frage" nahm man es bei Anklagen auf Zauberei besonders leicht. Denn diese galt als ein so schweres Verbrechen, daß man sich an die gewöhnlichen Schranken des Verfahrens nicht zu binden brauchte. Man konnte also schon auf Denunziationen hin zur Folter schreiten. An vielen Orten wurden daher die verfolgten Weiber „alsbald sie gefänglich eingezogen worden" sofort der Tortur unterworfen.

Es lebte zu Würzburg in jenen zwanziger Jahren des 17. Jahrhunderts, in welchen dort so viel als Hexen Angeschuldigte gemordet wurden, ein junger Jesuit, Friedrich von Spee, aus einem adelichen norddeutschen Geschlecht. Er befand sich als Pater damals in Franken und hatte als Beichtvater viele jener Unglücklichen zum Tode vorzubereiten und sie zum Scheiterhaufen zu begleiten.

Die Mitteilungen, welche ihm die Verurteilten im Angesichte des ihnen gewissen Todes machten, veranlaßten ihn, in edlem Eifer der Wahrheit ein Buch an die Obrigkeiten Deutschlands (Cautio criminalis seu de processibus contra sagas) zu schreiben, in welchem er die Ungerechtigkeiten in den Hexenprozessen darlegte, und die damalige Praxis der Gerichte einer strengen Kritik unterzog. Auf einzelne Fürsten wirkte dies Buch, wie z. B. der Churfürst von Mainz, Johann Philipp von Schönborn, durch dasselbe bewogen, solange er regierte, keine Hexe ver= brennen ließ. Allein im ganzen verhallte es erfolg= los bei den Juristen und Theologen jener Zeit.

Spee erzählt, es hätten ihm ganz kräftige und mutige Männer, welche gefoltert worden, versichert, es könne kein Schmerz gedacht werden, der so heftig und unausstehlich sei, wie der der Tortur jener Zeit, und sie würden sofort auch die abscheulichsten Ver= brechen, an die sie nie von weitem gedacht hätten, auf sich nehmen und bekennen, wenn man sie wieder

mit der Folter bedrohen würde, und lieber, wenn es
möglich wäre, zehnmal sterben, als sich noch einmal
foltern lassen.

Mit Qualen, welche furchtbarer waren, als je
eine Strafe sein konnte, wurden die Angeschuldigten,
die in unzähligen Fällen unschuldig waren, gemartert
und von ihnen das Geständnis dessen erpreßt, was
sie gethan oder was sie auch nicht gethan, nicht einmal gedacht hatten, was sie aber am Ende als ihre
That gestanden, um nur den unerträglichen Qualen
der Folter zu entgehen. Und überstand auch je der
Gefolterte die mehrmals wiederholte Folter mit Standhaftigkeit: so war der Lohn seines Schweigens oder
seiner standhaften Unschuld ein sieches unglückseliges
Leben und ein zerrißner, zerfleischter oder halbver-
brannter Körper.

Zunächst freilich suchte man ein gütliches Bekenntnis zu erlangen. Aber durch welche Mittel!
man bedrohte die Angeschuldigten mit der Folter
und machte ihnen gewöhnlich gleich den Vorhalt: „sie
sollten die Wahrheit gestehen, damit man nicht nötig
haben möchte, dieselbe durch andre Mittel aus ihnen
zu bringen." Gestanden sie nun, so hatten sie freiwillig gestanden! Man wendete gegen sie die soge-

nannte Territion an, d. h. sie mit der Folter zu
schrecken. Der Scharfrichter mußte vortreten, sie
wurden zur Folter zurechtgemacht, die Folterwerkzeuge
wurden ihnen vorgezeigt, ihre Anwendung erklärt,
selbst einzelne ihnen angelegt; gestanden sie nun: so
war es immer noch ein freiwilliges Geständnis,
ein Bekenntnis in Güte!

Führte die Aufforderung des Richters, die Angeschuldigte möge nur gleich eingestehen, was ihr vorgehalten worden, nicht zum Ziel, „dann — so
schreibt ein Augenzeuge — kommt der Henker mit
seinem greulichen Folterzeug dazu. Welches Weib,
wenn sie das vor Augen sieht, sollte nicht darob er-
schrecken, dermaßen, daß sie bekennet, was ihr nie in
Sinn kommen wäre, zu thun?"

Und worin bestanden die Vorbereitungen
zur Folter! Diese waren besonders für Frauen so
entsetzlich, daß eine ehrbare Frau lieber alles, was
man ihr zur Last legte, gestehen und den Tod erlei-
den mochte, eine Prozedur, deren Anwendung vielfach
aktenmäßig bezeugt ist und von angesehenen Juristen
bei Anschuldigung wegen Hexerei nicht beanstandet
wurde. „Ehe sie gefoltert wird, führt sie der Henker
beiseite und besiehet sie allenthalben an ihrem bloßen

Leib, ob sie sich etwa durch zauberische Kunst unempfindlich gemacht hätte, und damit ja nichts ver-
borgen bleibe, schneiden und sengen sie ihr mit einer
Fackel oder Stroh die Haar allenthalben und auch
an dem Orte, den man vor züchtigen Ohren
nicht nennen darf, ab und begucket alles aufs genaueste." Der Scharfrichter hatte also die Angeschuldigte zu entkleiden und am ganzen Körper
auf verborgne Amulette oder Zaubermittel zu untersuchen.

Bei diesen Prozeduren war die Angeklagte, nackt
und gebunden, auf der „Reckebank" den rohen Händen des Scharfrichters und seiner Gehilfen völlig
preisgegeben.

Und nun ging es zur eigentlichen Tortur.

Den Anfang der „peinlichen Frage" machte
man gewöhnlich mit dem D a u m e n st o ck: die Daumen
wurden zwischen Schrauben gebracht, diese langsam
zugeschraubt und so die Daumen gequetscht, bis das
Blut heraustrat. Half dieses nicht zum Bekenntnis
so nahm man die B e i n s ch r a u b e oder „Spanischen Stiefel", durch welche Schienbein und Wade
zusammengepreßt wurden, nicht selten so, daß die Knochen zersplitterten, und zur Erhöhung der Schmerzen

wurde zwischendurch mit dem Hammer auf die
Schraube geklopft.

Statt der einfachen Beinschraube werden wohl
auch die „gezähnten Schrauben" an die Schienbeine gelegt, „da dann (wie ein Augenzeuge berichtet)
die Empfindlichkeit und Schmerz am größten ist, indem
man damit dem armen Menschen das Fleisch und
die Schienbeine zusammenschraubt, also daß das Blut
herabfließt, und viele dafür halten, daß solche Folter
auch der allerstärkste Mensch nicht ausstehen möchte."

Der nächste Grad war der „Zug" oder die
„Expansion" oder „Elevation"! Die Hände wurden
auf den Rücken gebunden und an dieselben ein Seil
befestigt, und an diesem der Körper bald frei in der
Luft schwebend durch einen an der Decke angebrach-
ten Aufzug (Rolle), bald an einer aufgerichteten
Leiter, in deren Mitte eine Sprosse mit kurzen
spitzen Hölzern (— der „gespickte Hase"), worauf der
Rücken zu liegen kam, angebracht war, langsam in
die Höhe gezogen und ausgespannt, bis die Arme
verkehrt und umgedreht über dem Kopfe stehen, auch
wohl völlig ausgerenkt sind. Dann läßt man ihn
einigemale unversehens herabschnellen und zieht ihn
wieder auf.

Erfolgt noch kein Geständnis, so hängt man schwere Gewichte an die Füße oder auch nur an die großen Zehen und läßt den so angespannten Körper eine Stunde und länger hängen, um die Glieder noch qualvoller auseinanderzurecken.

In Württemberg bediente man sich der sog. Wippe, die darin bestand, daß man den Angeklagten Hände und Füße zusammenband und sie dann in einem über eine Rolle laufenden Seil auf- und niederzog. Bei dem zweiten Grade der Folter wurde ein leichterer, bei dem dritten ein schwerer Stein (bis zum Gewicht eines Zentners) angehängt, was Verrenkungen der Glieder zur Folge hatte.

Inzwischen trat wohl auch das Gericht ab, um sich beim Morgentrunk und Schmause zu erholen und überließ den Gemarterten stundenlang seinen entsetzlichen Qualen, ob er sich mittlerweile besinnen und zum Bekenntnis mürbe werden wollte.

An einigen Orten gab man dem Gefolterten einen hitzigen Trank ein, damit er in der Verwirrung Aussagen machen solle.

Während sie in die Höhe gezogen werden, läßt der Richter ihnen die Aussagen andrer Angeschuldig-

10*

ten mit Verschweigen der Namen vorlesen, um sie dadurch zum Geständnis zu bringen.

Namentlich setzten der Inquirent und der Scharf=richter ihre Ehre darein, durch die auf der Folter er=preßten Namen anderer Personen, auch diese und so immer mehrere in die Untersuchung zu verflechten. Sie verbanden für diesen Zweck die geistige mit der leiblichen Folter, indem sie durch allerlei Vorhalte, als ob diese und jene Person auch schon des Verbrechens überwiesen sei, den Gefolterten veranlaßten, auf die betreffende Person auszusagen und als Zeuge gegen sie aufzutreten.

In Ortenberg wurden 1627 mehrere Hexen verbrannt. Diese hatten mehrere Offenburgerinnen als Mitschuldige angegeben. So nahm denn auch in Offenburg die Verfolgung ihren Anfang, wozu man sich die Folterwerkzeuge, namentlich einen Hexen=stuhl, nach dem Muster des Ortenbergers verschaffte.

War der „Peinmann" (Henker) von be=sonderm Eifer, so griff er zu neuen Foltermitteln: er gießt siedheißes Oel oder Branntwein auf die Schienbeine.

Auch eine Drehscheibe kommt vor, welche das Fleisch aus dem Rücken des Gefolterten reißt.

In einem Bamberger Protokolle steht, daß ein der Zauberei Angeschuldigter dreimal eine halbe Stunde lang mit Beinschrauben und Daumenstock gefoltert und am Ende, da er nicht gestand, an einem Strick acht Schuhe hoch von der Erde aufgezogen und ihm an die große Zehe ein Gewicht von zwanzig Pfund gehängt wurde. Führte auch solche Folter nicht zum Ziel: so träufelte man dem Inquisiten brennenden Schwefel oder brennendes Pech auf den nackten Körper oder hielt ihm brennende Lichter unter die Arme oder unter die Fußsohlen oder an andre Teile des Körpers.

Dazu kamen noch besondre Martern, z. B. Eintreiben von Keilchen zwischen die Nägel und das Fleisch der Finger und Zehen.

Sehr häufig wurden die „Aufgezognen" mit Ruten gestrichen oder mit Riemen zerhauen, an deren Enden Bleistücke oder kleine Hacken befestigt waren, wodurch der Körper zersetzt werden mußte.

Auch ein in England erfundnes Foltermittel wurde in Deutschland hie und da (z. B. im Elsaß) in Anwendung gebracht, die Folter der Schlaflosigkeit. Man ließ die Gefangene stets wach erhalten, damit sie keinen Zuspruch vom Teufel erhalte. Zu diesem Zwecke wurde sie im Kerker un-

aufhörlich umhergetrieben, bis sie wunde Füße hatte
und zuletzt in völlige Verzweiflung geriet.

Manche Untersuchungsrichter folterten die Ge=
fangenen durch Durst, indem sie ihnen stark ge=
salzene Speisen ohne einen Trunk vorsetzen ließen.

Bei der Folter — so berichtet ein Zeitgenosse —
waren es sehr häufig die rohen Scharfrichter, welche
„das Ruder führen und ihres Gefallens vorschreiben,
wie und auf welche Weise man diese oder jene fol=
tern müsse; sie sind diejenigen, welche denen, so in
der Folter hängen, keine Ruhe lassen, sie mit unauf=
hörlichem Anmahnen, auch greulichen Bedrohungen
und erschrecklichen Geberden zum Bekenntnis treiben
und die Folter dermaßen spannen, daß es unmöglich ist,
zu ertragen und auszustehen". — Der Henker selbst
sieht's als einen Schimpf an, daß eine Angeklagte
ohne Geständnis aus seinen Händen entkommen sollte,
„gleich als ob er seine Kunst und Handwerk nicht recht
gelernt hätte, daß er einer so schwachen armseligen
Weibsperson das Maul nicht hätte eröffnen können".

Oft begann der Henker seine Arbeit mit der
Bedrohung: „Du sollst so dünn gefoltert werden, daß
die Sonne durch dich scheint."

In einem Falle hat der Henker, als er die

dritte Marter begann, zu der Angeschuldigten ge=
sagt: „ich nehme dich nicht an auf ein oder zween,
auf drei, auch nicht auf acht Tage, auf vier Wochen,
auf ein halb oder ganz Jahr, sondern so lange du
lebst. Und wenn du meinst, daß du nicht bekennen
willst, daß du sollst zu Tode gemartert werden, so
sollst du doch verbrannt werden."

Mit furchtbarer Kürze ist das Verfahren in den
Tortur=Protokollen niedergelegt; z. B.: — „da
man sie dann geblößet, mit einer auf dem rechten
Bein aufgesetzten und ziemlich zugeschrobenen Schraube
in die Luft aufgezogen und mit zwei Ruten gestrichen
und auf zugesagte gütliche Bekenntnis wieder herunter=
gelassen und losgeschroben."

Oder: — „Da aber die Aussage zweifelhaft
befunden, wurde ihr auch auf das linke Bein eine
Schraube gesetzt, etwa ziemlich zugeschroben und sie
ein wenig aufgezogen — wieder geschraubt, die Strick=
leine angesetzt, sie mit hinterrücks gebundnen Händen
in die Luft gezogen und mit einer Rute gestrichen. —
Als sie jedoch, heruntergelassen, alles wieder revo=
zierte, wurde sie solange geschraubt, heraufgezogen und
mit Ruten gestrichen, bis sie endlich alles bekannte."

Von einem Gefolterten sagt der Berichterstatter,

man habe „ihm alsbald die Augen verbunden, Bein=
schrauben angelegt und ihn erbärmlich gemartert —
ihn mit anhangenden Beinschrauben auf der Folter
gezogen, ihm seinen Leib, Hände und Füße also zer=
rissen, daß er Gott und die Welt darüber hätte ver=
gessen mögen, wo er nicht durch sonderbare göttliche
Stärke und Trost solche Schmerzen und Versuchungen
überwunden hätte".

Ein Protokoll lautet z. B.: „Bamberg. Mitt=
woch den 20. Juli 1628 ist Anna Beurin, 62 J.
alt, wegen angegebner Hexerei in der Güte exami=
niert worden; sie will auf vielfältiges Zureden gar
nichts gestehen; könne und wisse nichts: derentwegen
mit ihr pe i n l i ch prozediert worden: D a u m e n st o ck
— Gott soll ihr Zeuge sein, sie könne und wisse
nichts. B e i n sch r a u b e n — will ebenmäßig nichts
gestehen. Samstags d. 23. Juli B o ck (d. h.
Daumenstock und Beinschrauben z u g l e i ch) auf eine
St u n d e — will nichts fruchten, könne und wisse
nichts." Erst im folgenden Jahre gestand sie bei
neuem Foltern!

Während es Rechtsgrundsatz war, daß der An=
geschuldigte freizusprechen sei, wenn er die e i n m a l
— nach der bestehenden Vorschrift eine Stunde lang —

angewendete Folter, ohne zu bekennen, überstand, so erachtete man bei dem Verbrechen der Zauberei sich nicht an diese Schranke gebunden. Man wußte sich dadurch zu helfen, daß die Erneuerung der Folter nicht eine Wiederholung, sondern bloß eine „Fortsetzung" genannt wurde.

Die größte Autorität jener Zeit, Carpzov, sagt: bei diesem schwersten Verbrechen, bei welchem Beibringung von Beweisen so schwer sei und so verborgne Unthaten begangen werden, daß unter Tausenden kaum einer, wie er verdiene, gerichtet werden könnte, müsse man außer der Ordnung verfahren und anders, als bei den übrigen Verbrechen; auch möge dabei die Tortur öfter wiederholt werden, da bei solchen Verbrechen eben wegen ihrer Enormität schwerere Mittel zu Findung der Wahrheit anzuwenden seien. Namentlich könne bei der Hexerei der Richter auch noch eine härtere Tortur verhängen, besonders da die Hexen durch alle möglichen Teufelsmittel sich gegen die Tortur zu stählen wissen.

Zwar forderte man zur Verhängung der zweiten und dritten Tortur neue Indizien (Anzeigen der Schuld); allein wie leicht waren diese bei den Hexenprozessen aufzufinden. Galt es ja schon als neues

Indizium, wenn die Gefolterte auf der Folter nicht hatte Thränen vergießen können oder sich sonst auffallend bei der Tortur benommen hatte.

In dem Ueberstehen der Folter selbst fand man am Ende ein Anzeichen der Schuld, den Beweis, daß dem Gefolterten der Teufel beistehe.

Man begnügte sich nicht mit zwei, drei Graden der Folter; es wurde in der Regel fortgefoltert bis zum Geständnis. So wurde in Nördlingen im Jahr 1591 ein Mädchen zweiundzwanzigmal gefoltert. Erst beim dreiundzwanzigsten Mal gestand sie was man haben wollte.

In Baden-Baden peinigte man ein Weib zwölfmal und ließ sie nach dem letzten Akt noch 52 Stunden auf dem sog. Hexenstuhl sitzen.

Von einer im Jahr 1629 Gerichteten ist gesagt: „Ob sie gleich bei der ersten Marter nichts bekannte, habe man doch, ohne rechtliches Erkenntnis, die Tortur wiederholet, und der Scharfrichter ihr die Hände gebunden, die Haar abgeschnitten, sie auf die Leiter gesetzt, Brandwein auf den Kopf gegossen und angezündet, ihr Schwefelfaden unter die Arme und den Hals gebrennet, sie hinten aufwärts mit den Händen bis an die Decken gezogen, so bei 3 oder

4 Stunden gewähret und sie gehangen, der Scharf=
richter aber zum Morgenbrot gegangen, und als er
wiederkam, ihr Brandwein auf den Rücken gegossen
und angezündet, ihr viele Gewichte auf den Rücken
gelegt und sie in die Höhe gezogen; nach diesem
wieder auf die Leiter und ihr ein ungehobeltes Bret
mit Stacheln unter den Rücken gelegt und mit den
Händen bis an die Decke aufgezogen; fürder: die
beiden großen Fußzehen und beide Daumen zu=
sammengeschraubet, eine Stange durch die Arme ge=
stecket und sie also aufgehänget, da ihr immer eine
Ohnmacht nach der andern zugegangen, die Beine
in den Waden geschraubet, und die Tortur auf die
Fragen unterschiedlich wiederholet.

Bei der dritten Tortur mit einer ledernen
Peitsche um die Lenden und sonst aufs Blut gehauen,
ihr die Daumen und großen Zehen zusammenge=
schraubet, sie also im Bock sitzen lassen, und waren
der Henker und die Gerichtspersonen zum Morgen=
brot gegangen von 10 bis 1 Uhr, darauf sie aber=
mal mit der Karbatsche jämmerlich zerhauen.

Den andern Tag die Tortur wiederholet."

Ein schon erwähnter Schriftsteller jener Zeit,
Spee, bemerkt, nachdem er die Folter beschrieben: „Es

wäre wohl etwas, wenn man nach einmal beständig
ausgehaltner Tortur vor fernerer Marter gesichert
wäre; aber, da man die peinliche Frage zum zweiten, dritten, auch wohl mehr Malen repetieret, und
des Folterns, Ziehens, Geißelns, Sengens und Bren-
nens fast kein Ende ist, darf ihm niemand den Gedanken machen, wieder loszuwerden."

„Wer wollte nicht lieber sterben und mit tausend
Lügen sich einer solchen Pein und Marter überheben?
Aber viele halten es für eine Todsünde, sich zu dem
Laster der Zauberei (das sie nicht begangen) zu bekennen. Damit sie nun solchergestalt ihre Seele nicht
beschweren mögen, so strecken sie alle ihre Kräfte dran,
daß sie die Marter aushalten, müssen aber endlich
doch wegen Unleidlichkeit der Marter gewonnen geben,
und wann sie alsdann vermeinen, daß es wegen
solcher falschen Bekenntnis nunmehr um ihre Seligkeit schon gethan sei, wie ängsten, quälen und be-
kümmern sich dann solche arme Leute im Gefängnis,
also, daß ihrer viele in Verzweiflung fallen."

Spee ruft aus: „Wehe der Armen, welche einmal ihren Fuß in die Folterkammer gesetzt hat!
Sie wird ihn nicht wieder herausziehen, als bis sie
alles nur Denkbare gestanden hat!" Ebenso spricht

sich der Jurist Godelmann in einem Gutachten
(im J. 1587) aus: „Wir haben schon öfter von den
Gefangenen, ehe sie noch bekannt, gehört, wie sie
wohl einsehen, daß keiner, welcher Hexerei halber
eingefangen ist, mehr herauskommt, und ehe sie solche
Pein und Marter ausstehen, wollen sie lieber zu
allem, was ihnen vorgehalten werde, Ja sagen, wenn
sie es auch entfernt nie gethan noch jemals daran
gedacht haben."

Man setzte den unglücklichen Schlachtopfern, die
nicht gestehen wollten, auf alle Weise zu, durch Ver-
sprechungen (die dann meist nicht gehalten wurden),
durch Drohungen, durch schlechte Behandlung in den
abscheulichsten Kerkern.

Auch aus Habsucht der Kommissäre und
Richter, die von jedem Kopf ein gewisses Salarium
bezogen, wurden die Qualen ausgedehnt. Von ihnen
schreibt Spee:

„Sie suchen allerlei Ränke, damit diejenigen,
so sie wollen, nicht unschuldig erfunden werden: da
werfen sie dieselbige in ein böses Gefängnis, plagen
und quälen sie daselbst durch Gestank und Unflat,
zähmen sie mit Kälte und Hitze, spannen sie von
neuem auf die Folterbank, und plagen und ängsten

sie so lang und viel, bis sie die arme ausgemergelte Kreatur zum Bekenntnis genötigt haben."

Und wenn nun endlich durch die unmenschlichen Qualen der Folter ein Geständnis der Schuld er= preßt war, so galt es, auch die Angabe von Mit= schuldigen (das „Besagen") zu bewirken.

Spee berichtet, wie die durch Folter zum Ge= ständnis gebrachte Angeschuldigte auf Mitschuldige inquiriert wurde. „Wenn sie aufs beständigste da= bei bestunde, daß sie deren keine wüßte oder kennete, pflegt der Richter sie zu fragen: Ei, kennst du denn die N. N. nicht, hast du dieselbe nicht auf dem Tanz gesehen? sagte sie alsdann „nein, sie wüßte nichts Böses von derselben, so hieß es alsbald (zum Scharf= richter): Meister, ziehe auf, spanne besser an (die Folter); als dies geschah, und die Gemarterte den Schmerz nicht erdulden konnte, sondern rief: ja, sie kennete dieselbe, und hätte sie auch auf dem Tanz gesehen, man sollte sie nur herunterlassen, sie wollte nichts verschweigen: so ließ er solches zu Protokoll nehmen." In dieser Weise konnten völlig Unschuldige durch „Besagen" in Untersuchung verstrickt werden, d. h., wie ein andrer Schriftsteller aus jener Zeit erklärt: „wenn eines namhaft gemacht worden von

Gesellen des Lasters, daß der benannte könne ge=
foltert werden."

Bei den Hexenprozessen aber brauchte es mehr
nicht, als daß Gefolterte angaben, sie hätten bei den
Hexentänzen auch die und die Personen gesehen.
Waren nun durch die fortgesetzten Martern Gedanken
und Phantasie der Unglücklichen verwirrt, wurden sie
von bösen Träumen im Kerker verfolgt, nannte ihnen
der Kerkermeister, der Richter, der Folterknecht diese
und jene Personen, oder gab ihnen die Angst und
der Drang, von der Folter loszukommen, irgend
welche Namen in den Sinn — so war Anlaß zu
neuen Hexenverfolgungen gegeben.

Vergebens mahnte — in seinem obenerwähnten
Buche — der vielerfahrene Spee, man möge doch
sich wohl vorsehen: „ob die Besagenden nicht auch
von der Rotte seien, welche in ihrer Phantasie be=
thöret und geblendet werden, also, daß sie meinen,
sie seien gewesen und haben gesehen, wo sie doch in
Wahrheit nicht hingekommen und was sie in Wahr=
heit nicht gesehen haben" — und warnte: „Wenn
man auf die Besagungen so viel zu geben pflegt,
so hat der Teufel, als ein abgesagter Menschen=
feind, die gewünschte Gelegenheit an der Hand,

die Unschuldigen in Unglück und Verderben zu stürzen."

Sehr häufig wurde von der Angeschuldigten nachgehends das unter der Folter erpreßte Geständnis widerrufen. Allein damit war für die Unglückliche nichts gewonnen. Sie wurde von neuem und in noch höherm Grade der Tortur unterworfen und ihr vorgehalten, daß sie nur durch „gütliches" Bekenntnis dem Feuertod entgehen und zum „Schwert" begnadigt werden könne.

Selbst wenn sie — um ihr Gewissen zu entlasten — wenigstens die „Besagungen" widerrufen wollte, so hielt sie davon die Furcht vor neuer Folter ab. Denn, sagt Spee: „es kann's keiner, der die Folter nicht selbst versucht, glauben noch begreifen, was dieselbige vermag, und wie sehr solche diejenigen scheuen, die sie einmal geschmeckt haben."

Und doch fanden sich einzelne, die durch keine Qual zum Geständnisse gebracht werden konnten und die man am Ende, freilich siech und mit zerrißnen Gliedern, freigeben mußte. So nach einem Nördlinger Protokoll die Tochter eines Amtmanns von Ulm, welche auf die Angabe einiger Weiber, sie bei Hexentänzen gesehen zu haben, auf die Folter ge-

worfen wurde. Siebenmal gefoltert, fragte sie
endlich: „ob sie wohl selig werden könne, wenn sie
Unwahrheit gestehe; sie fürchte die Schmerzen und
wollte alles gethan haben, was man sie zeihe; nur
könne sie es nicht mit gutem Gewissen sagen." Dar=
auf fängt sie an zu gestehen. Beim nächsten Verhöre
aber widerruft sie wieder, und sie beharrte auf ihrem
Widerruf, ungeachtet sie noch neunmal gefoltert
und einmal dabei in einem Verhöre achtmal auf
der Leiter geschnellt wurde!

So heißt es ferner in einem Protokoll von
einer gewissen Weitschneiderin, welche in ihrem
64 Jahre alle Grade der Tortur ausstand: „es
war so viel, als hätte man in einen alten Pelz
hineingehauen"; ferner von einem sechzehnjährigen
Mädchen, das aber am Ende doch gestand: „es ist
ein Wunder, wie dies junge Blut so lange aushal=
ten kann."

Im Jahr 1576 wurde in der Pfalz ein Weib
wegen Zauberei angeklagt. Die Folter brachte sie
zu Geständnissen, die nachher widerrufen, bei neuer
Folter erneuert wurden. Daraufhin erfolgte das
Todesurteil. Das Weib widerrief aber auf dem
Weg zur Richtstätte so entschieden, daß troß aller

Befehle des Amtmanns der Scharfrichter die Exe=
kution verweigerte: er müsse doch auch seine Selig=
keit bedenken. Endlich — nach vierjähriger Ein=
kerkerung, wurde die Angeklagte entlassen.

Ein Torturprotokoll vom 31. Oktober 1724
über den Prozeß gegen die in Coesfeld im ehemaligen
Fürstbistum Münster gerichtete Enneke Fürstenees
besagt — „daß der Untersuchungsrichter Dr. Gogra=
vius, nachdem er die Angeschuldigte vergebens zum
gütlichen Bekenntnis aufgefordert, ihr den Befehl
der Tortur publizieren lassen. Hiernach ließ er
zum ersten Grad der Tortur schreiten. Der Nach=
richter wurde hereingerufen. Derselbe zeigte ihr die
Folterwerkzeuge und redete ihr scharf zu, während
der Richter ihr die einzelnen Anklagepunkte vorlas.
Darauf schritt der Richter zum zweiten Grad der
Folterung. Die Angeklagte wurde in die Folter=
kammer geführt, entblößt und angebunden und über
die Anklagepunkte befragt. Sie blieb beständig beim
Leugnen. Bei der Anbindung hat Angeklagte be=
ständig gerufen und um Gottes willen begehrt, man
möge sie loslassen. Sie wolle gern sterben und wolle
gern Ja sagen, wenn die Herren es nur auf ihr Ge=
wissen nehmen wollten. Und wie selbige beständig

beim Leugnen verblieben, ist zum dritten Grad ge=
schritten und sind der Angeklagten die Daumschrauben
angelegt worden. Weil sie unter der Tortur be=
ständig gerufen, so ist ihr das Capistrum (eine
Vorrichtung, welche das Schreien verhinderte) in den
Mund gelegt und mit Applizierung der Daumschrau=
ben fortgefahren. Obgleich Angeklagte 50 Minuten
in diesem Grade ausgehalten, ihr auch die Daum=
schrauben zu verschiedenen Malen versetzt und wieder
angeschroben sind, hat sie doch nicht allein nicht be=
kannt, sondern auch während der peinlichen Frage
keine Zähre fallen lassen, sondern nur gerufen: „Ich
bin nicht schuldig. O Jesu, gehe mit mir in mein
Leiden und stehe mir bei." Sodann: „Herr Richter,
ich bitte euch, laßt mich nur unschuldig richten." Ist
also zum vierten Grad geschritten vermittels Anlegung
der spanischen Stiefeln. Als aber peinlich Befragte
in diesem Grade über 30 Minuten hartnäckig dem
Bekenntnis widerstanden, ungeachtet die spanischen
Stiefeln zu verschiedenen Malen versetzt und aufs
schärfste wieder angeschroben wurden, auch keine
einzige Zähre hat fallen lassen, so hat Dr. Gogra=
vius besorgt, es möchte peinlich Befragte sich vielleicht
per maleficium (durch Hexenkunst) unempfindlich

11*

gegen die Schmerzen gemacht haben. Darum hat er
dem Nachrichter befohlen, dieselbe nochmals entblößen
und untersuchen zu lassen, ob vielleicht an verborge=
nen Stellen ihres Körpers etwas Verdächtiges sich
vorfinde. Worauf der Nachrichter berichtete, daß er
alles aufs genaueste habe untersuchen lassen, aber
nichts gefunden sei. Ist also demselben befohlen,
abermals die spanischen Stiefeln anzulegen. Dieselbe
aber hat die That beständig geleugnet und zu ver=
schiedenenmalen gerufen: „O Jesu, ich habe es nicht
gethan; ich habe es nicht gethan. Wenn ich es ge=
than hätte, wollte ich gern bekennen. Herr Richter,
lasset mich nur unschuldig richten. Ich will gern
sterben. Ich bin unschuldig, unschuldig." Als dem=
nach peinlich Befragte die ihr zum zweiten Mal an=
gelegten spanischen Stiefeln abermals über 30 Minu=
ten hartnäckig überstanden, so zwar, daß sie während
der Folterung weder die Farbe im Gesicht veränderte,
noch eine einzige Zähre hat fallen lassen, auch nicht
vermerkt werden konnte, daß sie an Kräften abge=
nommen oder die Strafe sie geschwächt oder verän=
dert hätte, so fürchtete Dr. Gogravius, der vierte
Grad möchte die Angeklagte nicht zum Geständnis
bringen, und befahl, zum fünften Grad zu schreiten.

Demgemäß wurde die Angeklagte v o r w ä r t s aufge=
zogen und mit zwei Ruten bis zu dreißig Streichen
geschlagen. Als Angeklagte aber zuerst gebunden
werden sollte, hat dieselbe begehrt, man möchte sie
doch nicht ferner peinigen, mit dem Zusatz: „sie
wollte lieber sagen, daß sie es gethan hätte, und
sterben unschuldig, wenn sie nur keine Sünde daran
thäte." Dieses wiederholte sie mehrmals; im Betreff
der ihr vorgehaltnen Artikel aber beharrte sie beim
Leugnen. Daher dem Nachrichter befohlen worden,
peinlich Befragte r ü c k w ä r t s aufzuziehen. Mit der
Aufziehung ist dergestalten verfahren, daß die Arme
rückwärts gerade über dem Kopfe gestanden, beide
Schulterknochen aus ihrer Verbindung gedreht und
die Füße eine Spanne weit von der Erde entfernt
gewesen sind. Als die Angeklagte ungefähr 6 Minu=
ten also aufgezogen gewesen, hat Dr. Gogravius be=
fohlen, „sie abermals mit 30 Streichen zu hauen;
was dann auch geschehen ist. Peinlich Befragte ver=
harrte aber beim Leugnen. Auch als Dr. Gogra=
vius zu zweien Malen, jedesmal zu ungefähr
8 Schlägen, die Korden anschlagen ließ, hat sie nur
gerufen: „Ich habe es nicht gethan; ich habe es nicht
gethan". Ferner auch, obwohl die Korden zum

dritten Mal mit ungefähr 10 Schlägen angeschlagen und ihr außerdem die bisherigen Folterwerkzeuge (die Daumenschrauben und die spanischen Stiefeln) wieder angelegt sind, dergestalt, daß dieselbe fast unerträglich geschienen, hat dieselbe doch über 30 Minuten diesen fünften Grad ebenso unbeweglich, wie die vier vorhergegangnen, überstanden, ohne zu bekennen.

Wie nun Dr. Gogravius dafür halten mußte, daß die erkannte Tortur gehörig ausgeführt, gleichwie dann der Nachrichter mitteilte, daß nach seinem Dafürhalten peinlich Befragte die Folterung nicht länger werde ausstehen können, so hat Dr. Gogravius dieselbe wieder abnehmen und losbinden lassen und dem Scharfrichter befohlen, der Gefolterten die Glieder wieder einzusetzen und sie bis zu ihrer völligen Genesung zu verpflegen."

Nach einem Protokoll vom folgenden Tage brachte sie der Scharfrichter — zum Geständnis —. Nach den Akten haben nur äußerst wenige Personen allen Schmerzen der Folter zu widerstehen vermocht. Und diese wenigen unterlagen meist schließlich den unmittelbar nach der Folterung an sie gerichteten Ermahnungen und Drohungen des Scharfrichters. Dieser nämlich, während er die auseinandergerissnen

Gliedmaßen notdürftig wieder ineinanderfügte, be-
nützte den frischen Eindruck der überstandnen namen-
losen Schmerzen und die qualvolle Lage des Eingekerkerten dazu, um ihm begreiflich zu machen, daß
ihm doch alles Leugnen nichts helfen werde; eine
neue noch schärfere Tortur werde ihm schließlich das
Geständnis abnötigen. Bekenne er jetzt freiwillig,
so werde er sich vielleicht noch von der Strafe des
Feuertodes retten können und zum Schwerte begnadigt werden; bleibe er aber hartnäckig, so würden
seine Richter kein Mitleiden mehr gegen ihn kennen.

Nicht wenige aber starben auf der Folter
oder gleich nach der Folter. Dies war lediglich eine
Bekräftigung des Verdachts — der Teufel hatte sie
dann getötet, und sie wurden deshalb unter den Galgen
verscharrt. So heißt es in einem Urteil bei dem
berühmten Juristen Carpzov: „Weil aus den
Akten so viel zu befinden, daß der Teufel auf der
Tortur der Margarethe Sparrwitz so hart zugesetzt,
daß sie, als sie kaum eine halbe Stunde an der
Leiter gespannt, mit großem Geschrei Tods verfahren
und ihr Haupt gesenkt, daß man gesehen, daß sie der
Teufel inwendig im Leibe umgebracht, inmaßen denn
auch daraus abzunehmen ist, daß es mit ihr nicht

richtig gewesen, weil sie bei der Tortur gar nichts geantwortet: so wird ihr toter Körper unter den Galgen durch den Abdecker billig vergraben."

Im Ratsprotokoll der Stadt Offenburg findet sich unter dem 1. Juli 1628 eingetragen: „In stillem Rat. — Nächten nach eilf Uhr ist des Wäl= schen Mägdlein auf dem (Hexen=) Stuhl urplötzlich gestorben, und unangesehen man sie zuvor zum Be= kenntnis stark ermahnt, ist sie doch allzeit auf ihrer Unschuld verharret. Diese hat man auch nach zwölf Uhr um Mittag nochmals stark ermahnt, aber ver= gebens; und hat auch zuvor, ehe man sie darauf (auf den Stuhl) gesetzt, die lange Weidin gesagt: „Ei, was denkt das Mägdlein, daß es sich nicht er= geben will, und ist doch also!" — Ist erkannt, daß man sie unterm Galgen vergrabe."

Wurde die Eingekerkerte, weil sie durch kein Mittel zum Geständnis zu bringen war, freigelassen, so mußte sie häufig noch Urfehde schwören, d. h. geloben, sie wolle sich wegen der erlittenen Ein= ziehung an dem Gericht, dessen Zugehörigen und Dienern in keiner Weise rächen.

Fünfter Abschnitt.

Der Hexenturm.

Noch heutzutage stehen an manchen Orten die bedeutungsvollen Zeugen jener Verfolgungen, die Hexentürme oder „Drudenhäuser".

Hier waren die Opfer eines grausamen Verdachts eingekerkert, und hier — wenn eine Angeklagte schon die Folter standhaft ertragen hatte — wartete ihrer in der Regel eine neue, nicht minder entsetzliche Qual von unabsehbarer Dauer.

Die unglücklichen Zermarterten wurden in die abscheulichsten Gefängnisse gelegt, in denen Kälte, Nässe, Finsternis, Unflat, Ungeziefer, Hunger, Mangel an aller Pflege, düstre Einsamkeit und „stetige Anfechtung" sie der Verzweiflung nahe bringen mußten.

Die Einrichtung der Hexentürme wird folgendermaßen beschrieben:

„In dicken starken Türmen, Gewölben, Kellern oder sonst tiefen Gruben sind gemeiniglich die Gefängnisse. In denselben sind große dicke Hölzer, zwei oder drei übereinander, daß sie auf- und niedergehen an einem Pfahl oder Schrauben: durch dieselben sind Löcher gemacht, daß Arme und Beine darin liegen können. Wenn nun Gefangene vorhanden, hebet oder schraubet man die Hölzer auf, die Gefangenen müssen auf einen Klotz, Steine oder Erde niedersitzen, die Beine in die untern, die Arme in die obern Löcher legen. Dann läßt man die Hölzer wieder fest auf einander gehen, verschraubt, keilt und verschließt sie auf das härteste, daß die Gefangenen weder Beine noch Arme notdürftig gebrauchen oder regen können. Etliche haben große eiserne oder hölzerne Kreuze, daran sie die Gefangenen mit dem Hals, Rücken, Arm und Beinen anfesseln, daß sie stets entweder stehen oder liegen oder hangen müssen, nach Gelegenheit der Kreuze, daran sie geheftet sind. Etliche haben starke eiserne Stäbe, daran an beiden Enden eiserne Banden sind, daran verschließen sie die Gefangenen an den Armen, hinter den Händen. Dann haben die Stäbe in der Mitte große Ketten in der Mauer angegossen, daß die Leute stets in einem Lager bleiben müssen.

Etliche machen ihnen noch dazu große schwere Eisen an den Füßen, daß sie die weder ausstrecken, noch an sich ziehen können. Etliche haben enge Löcher in den Mauern, darin ein Mensch kaum sitzen, liegen oder stehen kann, darin verschließen sie die Leute mit eisernen Thüren, daß sie sich nicht wenden oder umkehren mögen.

Etliche haben fünfzehn, zwanzig, dreißig Klafter tiefe Gruben, wie Brunnen oder Keller aufs allerstärkste gemauert, oben im Gewölbe mit engen Löchern und starken Thüren, dadurch lassen sie die Gefangenen mit Stricken hinab und ziehen sie, wie sie wollen, also wieder heraus.

Nachdem nun der Ort ist, sitzen etliche Gefangene in großer Kälte, daß ihnen auch die Füße erfrieren und abfrieren, und sie hernach, wenn sie loskämen, ihr Lebtage Krüppel sein müssen. Etliche liegen in steter Finsternis, daß sie den Sonnenglanz nimmer sehen, wissen nicht, obs Tag oder Nacht ist. Sie alle sind ihrer Gliedmaßen wenig oder gar nicht mächtig, haben immerwährende Unruhe, liegen in

ihrem eigenen Unrat, viel unflätiger und elender,
denn das Vieh, werden übel gespeiset, können nicht
ruhig schlafen, haben viel Bekümmernis, schwere Gedanken, böse Träume, Schrecken und Anfechtung.
Und weil sie Hände und Füße nicht zusammenbringen
und wo nötig hinlenken können, werden sie von
Läusen, Mäusen, Ratten und Mardern übel geplaget,
gebissen und zerfressen. Werden über das noch täg-
lich mit Schimpf, Spott und Dräuung vom Stöcker
und Henker gequälet und schwermütig gemacht.

Und weil solches alles mit den armen Gefangenen
bisweilen über die Maßen lang währet, zwei, drei,
vier, fünf Monat, Jahr und Tag, ja etliche Jahr:
werden solche Leute, ob sie wohl anfänglich gutes
Mutes, vernünftig, geduldig und stark gewesen, doch
in die Länge schwach, kleinmütig, verdrossen, unge-
duldig, mißtröstig und verzagt. —

In so schändliche, grausame, böse Türme, welche
billig nicht Menschengefängnis, sondern die Teufels-
marterbank möchten geheißen werden, lassen die Richter
oftmals unschuldige Frauen hinabwerfen. Da liegen
die elenden blöden Weiber im Finstern . . . ."

Die Kerkerhaft hat ihre Grade. Spee schreibt:
„Will eine Angeklagte auf der ersten, zweiten oder

dritten Tortur nichts bekennen, so wird sie in ein ärgeres Gefängnis, an Fessel und Ketten gelegt, nach ausgestandner Marter in Elend und Bekümmernis sich zu verzehren. Inzwischen werden andere gefoltert und ihnen die Aussage in den Mund gelegt, daß die erste Gefangene von ihnen auf Hexentänzen gesehen worden sei oder was dergleichen sein mag. Darauf hin wird die Gefangene von neuem auf die Folter gespannt, bis sie endlich bekennen muß, was man von ihr hören will."

Und in diesen Gefängnissen selbst gab es noch besondere Marteranstalten. So rühmten Bambergische Inquisitoren als ein wirksames Mittel, die Hexen zahm zu machen, „das gefaltet Stüblein", in dem zu Bamberg erbauten Malefizturm, vermutlich eine Kammer, deren Fußboden aus scharfen Latten bestand.

Selbst nach erfolgter Freisprechung wurden die Verhafteten häufig noch im Kerker festgehalten, bis die Gerichtskosten bezahlt waren. So bei Marburg eine Frau, die zwei Jahre im Turm angeschlossen in Haft gehalten und gefoltert worden.

Sechster Abschnitt.

Geständnis. Hinrichtung.

Dem Untersuchungsrichter in Hexenprozessen lag alles daran, von dem Angeschuldigten ein Geständnis all der Unthaten zu verlangen, welche die Volksmeinung und der „Hexenhammer" als den Thatbestand des zauberischen Hexenwesens bezeichnete.

Die Hauptpunkte, über welche man die Angeschuldigte befragte, waren: Wo und von wem sie die Zauberei erlernt, wie lange sie dieselbe getrieben, und wen sie selbst darin unterrichtet hätte; wann sie sich dem Teufel verschrieben und ob sie dabei dem christlichen Glauben abgesagt und vom Teufel getauft worden wäre; wann und wie sie zu den Hexenversammlungen gefahren und wen sie da gesehen; von wem sie ihre Salben und Kräuter empfangen; wann

sie Hagel und Unwetter gemacht, wie sie das Vieh
geschädigt, wie sie Krankheiten an Menschen erzeugt;
wie viele Männer, Weiber, Kinder sie getötet, wie sie
Zwietracht zwischen Ehegatten gebracht und so fort.
Sodann: wie es bei den Hexenzusammenkünften her-
gegangen, wie sie dabei mit dem Teufel zu thun gehabt, was er ihr versprochen u. dgl.

Auf diese Fragen nun mußte die Angeschuldigte
ein Bekenntnis ablegen, das zur Verurteilung hin-
reichte. Was die vergiftete Phantasie einer rohen
und abergläubischen Zeit an abenteuerlichen Geister-
geschichten zusammentragen mochte, das alles gab die
Gemarterte als die Erzählung ihrer Unthaten zu
Protokoll.

Die Wochen, Monate und Jahre lang im
scheußlichsten Kerker, auf der Folter und unter der
rohesten Behandlung des Gerichts und des Henkers
erlittene Qual brachte die Unglücklichen schließlich oft
zu einer Verwirrung der Gedanken, worin sie zuletzt
selbst an die Wahrheit der mit der Folter ihnen erpreßten Aussagen glaubten. Untersuchungsrichter,
Gefängniswärter, Scharfrichter und Henkersknechte
wetteiferten, den Gefangenen alle die Erzählungen
aus Hexenprozessen vorzuhalten, welche man als Be-

kenntnisse in den Akten haben wollte, um darauf ein
Todesurteil zu gründen. Und selbst, wenn sie ihrer
Gedanken noch mächtig ist, muß die Gefolterte end-
lich aus Verzweiflung bekennen, was ihr nie in den
Sinn kam.

Wie man mit den als Hexen Angeklagten um-
ging, wie sie gefoltert, wie abscheulich sie überhaupt
behandelt wurden, dies war allgemein bekannt. Die
Unglückliche daher, welche in die Hände des Gerichtes
kam, und welcher der gewöhnliche Vorhalt gemacht
wurde, sie solle nur gestehen, es liegen schon genügende
Beweisgründe gegen sie vor, wußte in der Regel
wohl, was ihr nun bevorstand. War sie minder
standhaft, oder war sie nur so klug, zu bedenken, daß
ihr doch am Ende durch unerträgliche Qualen ein
Geständnis dessen, was sie nicht gethan hatte, abgepreßt werden werde, oder daß, wenn sie auch die
Qualen ohne zu gestehen überwinden könne, ein
zerrissener, zerfleischter, siecher Körper und ein elendes
Leben ihr Los sei: so gestand sie lieber gleich alles,
was man von ihr wissen wollte. Denn bei solchen
Aussichten war der Tod auf dem Schaffot ein Trost
für sie, und sie hatte, was ihr vom Gerichte immer
gehörig zu Gemüt geführt wurde, bei dem freiwilligen

Geſtändniſſe noch den Gewinn, daß ſie nicht lebendig
verbrannt werden mußte, ſondern mit der gelinderen
Strafe des Schwertes davonkam.

Ebenſo erklärt ſich auch die ſpätere freie Wider=
holung eines auf der Folter erpreßten Geſtändniſſes,
welche von den Gefolterten verlangt und in den
meiſten Fällen von ihnen gegeben wurde. Denn
wenn ſie es verweigerten, war neue Folter ihnen
gewiß, da nach der herrſchenden Lehre beim Wieder=
rufe eines ſolchen Geſtändniſſes die Folter wiederholt
werden mußte.

Ein Protokoll aus Eſſen vom 23. Juni 1658
beſagt, daß ein als Hexe wiederholt gefoltertes Weib,
um nur der Qual zu entgehen, alles. was man ihr
vorſagt, bekennt und bittet: „man ſolle ſie nur nicht
lange mehr aufhalten und ihr bald davon helfen und
ein Vater=Unſer für ſie beten", und als ihr auf den
folgenden Tag die Hinrichtung angekündigt wird, ſagt:
„ſie wäre eine Sünderin, man ſolle nur morgen mit
ihr fortfahren und helfen, daß ihre Seele zu Gott
kommen möchte."

Freilich ſollte das Bekenntnis ein „freiwilliges"
ſein. Aber unter dem freiwilligen oder „in Güte"
abgelegten Bekenntnis verſtand man häufig ein ſolches,

das die schon auf die Folterbank gebundene Ange=
klagte, um der Folter selbst zu entgehen, ablegte. So
in einem Prozeß zu Offenburg vom Oktober 1609,
da „der Meister (Scharfrichter) die Verhafftin auf=
gezogen" hatte, so daß ihr der Arm ausgerenkt
worden.

Der Richter suchte als Ergebnis der Verfolgung
die Uebereinstimmung der Aussagen mehrerer Hexen
zu erzielen, eine Uebereinstimmung aber, die durch
die Folter so leicht zu erzwingen war; denn die armen
Gefolterten gestanden eben am Ende, weil sie nichts
anderes zu sagen wußten, und der Richter sich mit
nichts anderem zufrieden gab, die Geschichten, mit
denen man sich in ihrem Kreise über das trug, was
Hexen treiben.

Und nun sollte endlich der schauerliche Prozeß
in der Hinrichtung seinen Abschluß finden. In der
Regel lautete das Urteil dahin, daß der Angeschuldigte
lebendig verbrannt werde; nur bei freiwilligem, reu=
mütigem Geständnis erfolgte eine Milderung dahin,
daß der Verurteilte mit dem Schwert enthauptet und
danach der Körper zu Asche verbrannt werden solle.

Es kamen aber auch nicht selten Verschärfungen
jener Todesstrafen vor; so namentlich, daß dem Ver=

urteilten vor der Hinrichtung eine Hand abgehauen werden sollte, oder daß „im Hinausführen" der Delinquent wiederholt mit glühenden Zangen an den Armen oder andern Körperteilen „gerissen" oder „nach ihm gegriffen" wurde. Diese „Griff", welche bis auf die Knochen gingen und selbst diese noch unter furchtbaren Schmerzen zermalmten, kamen fast über= all vor.

Die Hinrichtung durch den Scheiterhaufen end= lich war mehr oder weniger qualvoll, je nachdem die Luftströmung dem an den Pfahl Gebundenen den er= stickenden Qualm ins Gesicht oder von ihm hinweg= trieb. Im letztern Fall hatte er alle Stufen des langsamen Verbrennens durchzumachen. Damit aber durch das erschütternde Schmerzgeschrei kein Anstoß erregt werde, wurde mitunter den Delinquenten eine Art Bremse in den Mund gelegt und die Zunge gebunden.

Siebenter Abschnitt.

Merkwürdige Hexenprozesse.

Die Blütezeit der Hexenverbrennungen bildeten das 16. und 17. Jahrhundert. Quedlinburg zählte ihrer im J. 1589 an einem Tage 133, Elbing im Jahre 1590 in 8 Monaten 65. In dem kleinen Städtchen Wiesenburg wurden in einem Prozeß 25, im Städtchen Ingelfingen 13 verurteilt. Lindheim, welches 540 Einwohner zählte, ließ in den Jahren 1640—1651 dreißig Personen verbrennen. Im Braunschweigischen war die Menge der Brandpfähle auf der Richtstätte vor dem Löchelnholze so groß, daß sie von Zeitgenossen mit einem Kiefernwalde verglichen wurden.

Im Jahre 1633 mußten in der kleinen Stadt Büdingen 64 Personen, im folgenden Jahre 50

Verurteilte den Scheiterhaufen besteigen; das Städt=
chen Dieburg sah im J. 1627 sechsunddreißig
Hinrichtungen.

Der Magistrat von Neisse hatte zum Ver=
brennen der Hexen einen eigenen Ofen herrichten
lassen und überantwortete demselben im J. 1651
zweiundvierzig Frauen und Mädchen; im Fürstentum
Neisse sollen in 9 Jahren über tausend Hexen, dar=
unter Kinder von 2—4 Jahren verbrannt sein.

In der Stadt Offenburg im Breisgau wurden
in den Jahren 1627 bis 1630 sechzig Personen
wegen Hexerei zum Tode gebracht, nachdem früher
im benachbarten Ortenberg die Verfolgungen be=
gonnen hatten.

In der Wetterau, in der freien Reichsburg
Lindheim, kamen grausame Hexenverfolgungen in
den Jahren 1631 bis 1633, 1650 bis 1653 und
1661 vor. Die Verhafteten wurden in die Höhlen
des noch jetzt zu sehenden Hexenturms zu Lindheim
gebracht und, ohne daß man eine Verteidigung zu=
ließ, durch den Scharfrichter auf die Folter gespannt
und solange mit den ausgesuchtesten Martern ge=
peinigt, bis sie bekannten.

Zu Ellingen (in Franken) wurden 1590 in

acht Monaten 65 Personen wegen Hexerei hingerichtet.

In der Reichsstadt N ö r d l i n g e n beschloß der Rat im Jahr 1590 nun einmal die Hexen mit Stumpf und Stiel auszurotten. Man begann, die Verdächtigen zu suchen, und der Erfolg war, daß in der kleinen Stadt 32 Personen hingerichtet wurden. Eine der namhaftesten war R e b e k k a Lemp, die Frau des Zahlmeisters Peter Lemp; sie wurde, in Abwesenheit ihres Mannes, auf die durch die Folter erpreßten Angaben andrer Angeklagten hin im April 1590 verhaftet. Mit blutendem Herzen hatten es die Kinder mit angesehen, wie die liebe Mutter gepackt und in den schrecklichen Turm abgeführt wurde. Dahin schickten sie ihr nicht lange nachher folgenden Trostbrief zu: „Unsern freundlichen, kindlichen Gruß, herzliebe Mutter! Wir lassen dich grüßen, daß wir wohlauf sind. So hast du uns auch entboten, daß du wohlauf seiest, und wir vermeinen, der Vater wird heute, will's Gott, auch kommen. So wollen wir dich's wissen lassen, wann er kommt, der allmächtige Gott verleihe dir seine Gnade und heiligen Geist, daß du, Gott woll, wieder mit Freuden und gesundem Leib zu uns kommst. Gott woll, Amen.

Herzliebe Mutter, laß dir Brot kaufen und laß dir
Schnittlein backen, und laß dir Fischlein holen und
laß dir ein Hühnlein holen bei uns, und wenn du
Geld darfst, so laß holen; haft's in deinem Säckel
wohl. Gehab dich wohl, herzliebe Mutter, du darfst
nicht sorgen um das Haushalten, bis du wieder zu
uns kommst."

Zu den leiblichen Nöten, unter denen die Un=
glückliche in dem scheußlichen Gefängnis zu leiden
hatte, kam nun auch die ihre Seele folternde Sorge,
daß ihr zärtlich geliebter Mann sie für schuldig halten
möchte. Daher schrieb sie ihm, als sie seine Rückkehr
erfuhr: „Mein herzlieber Schatz, bis (sei) ohne Sorge.
Wenn auch ihrer Tausend auf mich bekenneten, so
bin ich doch unschuldig; oder es (mögen) kommen
alle Teufel und zerreißen mich. Und ob man mich
sollt strenglich fragen, so könnte ich nichts bekennen,
wenn man mich auch zu tausend Stücke zerriss'.
Vater, wenn ich der Sach' schuldig bin, so laß mich
Gott nicht vor sein Angesicht kommen immer und
ewig. — Wenn ich in der Not muß stecken bleiben,
so ist kein Gott im Himmel. Verbirg doch dein
Antlitz nicht vor mir; du hörst ja meine Unschuld,
laß mich nicht in der schwülen Not stecken!"

Indeß nahm der Prozeß in üblicher Weise seinen Anfang. Zweimal überstand Rebekka die Tortur, ohne sich schuldig zu bekennen; bei der dritten Folterung begann sie jedoch zu verzagen, indem dieselbe weit länger dauerte und weit grausiger verlief, als die beiden ersten Male. Sie bekannte sich zu einigen der geringern Anschuldigungen; so auch bei der vierten Tortur.

Danach schrieb sie heimlich an ihren Mann: „Mein auserwählter Schatz, soll ich mich so unschuldig von dir scheiden müssen, das sei Gott immer und ewig geklagt! Man nötigt Eins, es muß Eins ausreden (bekennen), ich bin aber so unschuldig als Gott im Himmel. Wenn ich im Wenigsten ein Pünktlein um solche Sache wüßte, so wollte ich, daß mir Gott den Himmel versagte. O du herzlieber Schatz, wie geschieht meinem Herzen! o weh, o weh meinen armen Waisen! Vater, schick mir etwas, daß ich sterb, ich muß sonst an der Marter verzagen. Kommst heut nicht, so thu es morgen. Schreib mir von Stund an. O Schatz, deiner unschuldigen Rebekka! Man nimmt mich dir mit Gewalt! Wie kann's doch Gott leiden! Wenn ich ein Unhold bin, sei mir Gott nicht gnädig. O wie geschieht mir so unrecht.

Warum will mich doch Gott nicht hören! Schick mir Etwas, ich möchte sonst erst meine Seele beschweren."

Der Mann aber kannte sein Weib, weshalb sein Glaube an ihre Unschuld durch nichts erschüttert ward. Daher machte er mit einer Eingabe an den Rat den Versuch, das geliebte Weib aus den Händen der Peiniger zu befreien. Doch ohne Erfolg. Eine abermalige Eingabe findet sich in den Prozeßakten zwischen dem siebenten und achten Torturprotokoll und beginnt mit den Worten: „Ehrenveste, fürsichtige, ehrsame, wohlweise, großgünstige, gebietende Herren! Jüngst verwichener Zeit habe ich wegen meiner lieben Hausfrau eine demütige Supplikation übergeben, darin ich um Erledigung meines lieben Weibes gebeten, mir aber damals eine abschlägige Antwort erfolgt: daß auf diesmal mein Bitt und Begehren nicht statt habe." Er wiederholt nun seine Bitte, namentlich dahin, daß die Angeschuldigte alsbald den mißgünstigen Personen, welche gegen sie ausgesagt, möge gegenübergestellt werden, und fährt dann fort: „Ich hoffe und glaube und halte es für gewiß, daß mein Weib alles, dessen man sie bezichtigt, nicht einmal Zeit ihres Lebens in Gedanken gehabt, vielweniger denn, daß sie solches mit Werk

und in der That sollte jemals auch nur im Geringsten
gethan haben. Denn ich bezeuge es mit meinem
Gewissen und mit vielen guten, ehrlichen Leuten, daß
mein Weib zu allen Zeiten gottesfürchtig, züchtig,
ehrbar, häuslich und fromm, dem Bösen aber jederzeit abhold und feind gewesen. Ihre lieben Kinder
hat sie gleichfalls treulich und fleißig nicht allein in
ihrem Katechismo, sondern auch in der heil. Bibel,
in Sonderheit aber in den lieben Psalmen Davids
unterrichtet und unterwiesen, also daß, Gott sei Dank!
ich ohne Ruhm zu vermelden, kein durch Gottes Segen
mit ihr erzeugtes Kind habe, das nicht etliche Psalmen
Davids auswendig wüßte und erzählen könnte. Ueberdies kann aber auch niemand, — niemand sage
ich, — mit Grund der Wahrheit darthun und erweisen, daß sie irgendeinmal einem Menschen —
auch nur den kleinsten Schaden am Leibe oder sonst
hätte zugefügt und man deßhalb eine Vermutung auf
sie gehabt hätte." — — Es half alles nichts; vielmehr ging der Rat, um das Material zu einem
Todesurteil zu erlangen, jetzt nur noch fürchterlicher
mit der Folter gegen das arme Weib vor, bis man
die gewünschten Geständnisse hatte. Am 9. Septbr.
1590 wurde sie verbrannt.

Immer schrecklicher wütete nun das Gericht
gegen die Weiber zu Nördlingen. Für die Menge
der Verhafteten fanden sich kaum die nötigen Lokale
und der „Peinmann" sah seiner Arbeit kein Ende.
Im Oktober 1593 wurde eine Frau aus Ulm ge=
bürtig, Maria Holl, auf Grund der Angaben einer
Gefolterten ins Gefängnis und alsbald zur Folter=
bank geführt. Standhaft ertrug sie alle wiederholten
und mit ausgesuchtester Grausamkeit immer von neuem
verschärften Foltergrade. Gegen sie wurde die Tortur
sechsundfünfzigmal, das letzte Mal im Februar 1594,
angewendet, auch ihr dabei der falsche Vorhalt ge=
macht, daß selbst ihre Verwandten und Freunde, ja
sogar ihr Ehemann sie für schuldig hielten. Sie
blieb standhaft. Gleichwohl erfolgte keine Freilassung;
denn der Rat wollte sich nicht vor der Bürgerschaft
eine Blöße geben. Sie wurde abermals am 22. August
1594 scharf inquiriert. Inzwischen aber hatten ihre
Verwandten in Ulm bei dem Rat daselbst und der Ulmer
Gesandtschaft zu Regensburg Schritte gethan. Von
dieser erging an den Rat zu Nördlingen ein dringen=
des Schreiben um sofortige Freilassung der seit eilf
Monaten ungerecht eingekerkerten Frau, von welcher
bezeugt werde, daß sie als eine Ulmer Bürgerstochter

jederzeit gottesfürchtig, ehrlich und ohne verdächtigen
Argwohn dessen, was man sie beschuldige, sich ver-
halten habe. — Die Unglückliche mußte nun aber
eidlich versprechen, daß sie nach der Entlassung ihr
Haus niemals, weder bei Tage noch bei Nacht verlassen
werde. Nur unter dieser Bedingung wurde die Gefäng-
nishaft mit lebenswierigem Hausarrest vertauscht! —

In den katholischen Stiften und Bistümern
fallen die meisten Verurteilungen in die Zeit der
Gegenreformationen. Im Trier'schen blieben unter
dem Bischof Johann bei einem großen Hexenprozeß
im J. 1585 in zwei Ortschaften nur zwei Personen
am Leben und erlitten aus den 22 Dörfern in der
Nachbarschaft von Trier von 1587 bis 1593 überhaupt 368 Personen den Tod.

In Stift Paderborn wurde seit 1585 die
Hexenverfolgung betrieben.

Die Stadt Lemgo erwarb sich von 1580 bis
1670 durch ungemein viele Hexenprozesse den Bei-
namen „das Hexennest".

In dem Stiftslande Zuckmantel, dem Bischof
von Breslau gehörig, wurden schon 1551 nicht weniger
als acht Henker gehalten.

In dem Bistum Bamberg begannen die

Hexenprozesse im Jahr 1625. Hier wurden 600 Menschen als Hexen, Zauberer und Teufelsbanner verbrannt. Dies meldet eine (1659) mit bischöflicher Genehmigung zu Bamberg gedruckte Schrift. Unter den Hingerichteten werden aufgeführt: „der Cantzler und Doctor Horn, des Cantzlers Sohn, sein Weib und zwo Töchter, auch viel vornehme Herren und Raths=Personen, sonderlich etliche Personen, die mit dem Bischof über der Tafel gesessen .... Es sind etliche Mägdlein von 7, 8, 9 und 10 Jahren unter diesen Zauberinnen gewesen; deren 22 sind hingerichtet und verbrannt worden, wie sie denn auch Zetter über die Mütter geschrieen, die sie solche Teufelskunst ge= lehrt haben. Und hat die Zauberei so überhand ge= nommen, daß auch die Kinder in Schulen und auf der Gassen einander gelehret.“

Das gleiche Los traf um dieselbe Zeit im Bis= tum Würzburg eine Menge Personen. Es wurden dort von 1622—1629 mehr als 200 — nach einer damals erschienenen Schrift über 900 — Personen wegen Hexerei und Zauberei hingerichtet, von jedem Alter, Stand, Geschlecht, Einheimische und Fremde, Geistliche, Ratsherren und Söhne des fränkischen Adels, Matronen, Jungfrauen und unmündige Kin=

der; irgend eine ausgezeichnete Eigenschaft war Veranlassung, auf den Scheiterhaufen zu führen. So
waren z. B. unter jenen Hingerichteten, wie es in
einem Verzeichnisse jener Zeit heißt, die Kanzlerin,
ferner die Tochter des Kanzlers, ein Ratsherr, der
dickste Bürger von Würzburg, zwei Edelknaben, des
Göbel Babelin, die schönste Jungfrau in Würzburg,
ein Studiosus, so viel Sprachen gekonnt und ein
vortrefflicher Musiker gewesen, der Spitalmeister ein
sehr gelehrter Mann, eines Ratsherrn zwei Söhn-
lein große Tochter und Frau, drei Chorherren, vierzehn Domvicarii, ein geistlicher Doctor, die dicke
Edelfrau, ein blindes Mägdlein, ein klein Mägdlein
von neun Jahren, ein kleineres ihr Schwesterlein,
der zwei Mägdlein Mutter u. s. w.

Zu Pfalz-Neuburg wurde im Frühjahr 1629
die ehrbare und fromme Hausfrau eines Wirtes, Anna
Käser, eingekerkert, weil vor Jahren einige wegen
Hexerei Verurteilte auf sie ausgesagt hatten. Ihr
Mann gab zu Protokoll: er könne in Wahrheit wohl
sagen, daß seine Frau seit sieben Jahren nie recht
fröhlich gewesen. Sie habe zu keiner Hochzeit oder
dergleichen Mahlzeiten und Fröhlichkeiten, auch wenn
er es ihr befohlen, gehen mögen. Sie habe immer

gebetet, gefastet und geweint. Dabei habe sie fleißig
gesponnen und dem Hauswesen abgewartet. Er
schrieb seiner gefangnen Frau, die an eine Kette
gelegt und an der Wand des Gefängnisses fest ge=
macht worden: „Bist du, o mein Schatz, schuldig,
bekenne es; bist du unschuldig, hast eine gnädige
Obrigkeit, deren wir, zuvörderst Gottes Huld, und
unsre kleinen Kinder (uns) zu getrösten (haben).
Sehe mit deiner und meiner Geduld dem Schutz
Gottes befohlen! O mein Schatz, sage mit wenigem,
wie ich eine Zeitlang die Haushaltung anstellen solle;
und in höchster Bekümmernis dies."

Die Frau beteuerte im Verhör ihre Unschuld
und blieb standhaft, selbst als der Scharfrichter die
Marterwerkzeuge vor ihr ausbreitete und sie zur
Folter zurechtmachte und ihr der Daumenstock angelegt
wurde. Als aber schärfere Grade in Anwendung
kamen, war ihre Kraft gebrochen, und sie gestand,
was man von ihr zu wissen begehrte. Nachher
widerrief sie ihre Geständnisse; aber dies hatte nur
die Folge, daß sie aufs neue in noch höherem Grade
gefoltert wurde, bis sie die frühern Geständnisse
wiederholte und bestätigte. Darauf hin ward sie
zum Tode verurteilt. Vor ihrer Hinrichtung sprach

sie vor den Richtern die Bitte aus, man möchte doch
sonst niemanden verbrennen, als sie, und man möchte
überhaupt „hier im Lande nicht weiter brennen".

Im Kurfürstentum M a i n z findet sich ein Fall
vom Jahr 1570.   Hier wurde Elisabeth, Hans
Schmidten Ehefrau, in dem Orte Altheim, der
Hexerei verdächtig. Ihre Nachbarn richteten daher
ein Gesuch an den Amtmann zu Amorbach: „wegen
dieser Zaubereien sie gnädig zu bedenken", infolge
dessen die Angeschuldigte in den Turm zu Buchen
geworfen und hier, an eine Kette angeschmiedet, in
strenger Haft gehalten wurde. Ueber ein Jahr
hielt man sie in Haft. Endlich verfügte das Rats-
kollegium ihre Freilassung. Aber der Schultheiß ließ
sie zuvor noch auf des Amtmanns Befehl auf die
Folter legen und dergestalt peinigen, daß ihr Leib
zerdehnt, zerrissen, ihre Hände und Arme verrenkt
und zerbrochen wurden. Sie hielt aber aus, ohne
das geforderte Geständnis abzulegen.

Mit Anfang des 17. Jahrhunderts aber begann
im Kurfürstentum Mainz und im ganzen Odenwald
eine umfassende Hexenverfolgung, namentlich in
D i e b u r g, S e l i g e n s t a d t, A s c h a f f e n b u r g. In
Dieburg stand nämlich damals eine ganze Menge

von Perſonen im Geruch der Zauberei, und die Maſſe des Volks war gegen dieſelben mit ſolcher Wut erfüllt, daß ſelbſt die Beamten, wenn ſie nicht ſofort alle Verdächtigen in Haft nahmen, ſich bedroht ſahen. Auf die Angaben einiger Verdächtigen über Perſonen, die ſie auf den Hexentänzen geſehen haben wollten, wurden immer wieder neue Verfolgungen eingeleitet. Vergebens machte einer der Angeſchuldigten geltend: man dürfe ſolchen Zeugniſſen nicht trauen; denn das wären Leute, die in ihrer Pein und Marter verzweifelten. Der Teufel verblende die Leute und nehme frommer Leute Geſtalt an." Im Jahr 1627 ſollen in Dieburg 85 Perſonen hingerichtet und ganze Familien ausgerottet worden ſein. In Großkrotzenburg und Bürgel wurden gegen 300 Perſonen wegen Hexerei hingerichtet.

Auch in Heſſen griff die Verfolgung um ſich. Im Jahr 1672 wurde Katharine Lips, Schulmeiſters Ehefrau von Betziesdorf in Oberheſſen, in den Hexenturm zu Marburg eingeſperrt und in gräßlicher Weiſe gefoltert. Das im Archiv zu Marburg aufbewahrte Protokoll ſagt: „Hierauf iſt ihr nochmals das Urteil (auf Tortur) vorgeleſen worden und ſie erinnert worden, die Wahrheit zu ſagen. Sie iſt

aber beständig bei dem Leugnen blieben, hat sich selber
hertzhaft und willig ausgezogen, worauf sie der Scharfrichter mit den Händen angeseilet, — peinlich Beklagte hat gerufen: O wehe! o wehe! Herr im Himmel
komme zu Hilfe! Die Zehen sind angeseilet worden
— — hat gerufen: ihre Arme brechen ihr. Die
spanischen Stiefel sind ihr aufgesetzet, die Schraube
auf dem rechten Bein ist zugeschraubet, ihr ist zugeredet worden, die Wahrheit zu sagen. Sie hat
aber darauf nicht geantwortet. Die Schraube auf
dem linken Bein auch zugeschraubet. Sie hat gerufen, sie kennte und wüßte nichts. Die linke Schraube
gewendet, peinlich Beklagte ist aufgezogen, sie hat gerufen: Du lieber Herr Christ, komme mir zu Hilfe!
sie kennte und wüßte nichts, wenn man sie schon
ganz tot arbeitete. Ist höher aufgezogen, ist stille
worden und hat gesagt, sie wäre keine Hexe. Die
Schraube auf dem rechten Bein zugeschraubet, worauf
sie o wehe! gerufen. Es ist ihr zugeredet worden,
die Wahrheit zu sagen. Sie ist aber dabei blieben,
daß sie nichts wüßte, ist wieder niedergesetzet worden,
die Schrauben sind wieder zugeschraubet, hat geschrieen: O wehe! O wehe! wieder zugeschraubet auf
dem rechten Bein, ist stille worden und hat nichts

antworten wollen, zugeschraubet, hat laut gerufen,
wieder stille worden und hat nichts antworten wollen,
zugeschraubet, hat laut gerufen, wieder stille worden
und gesagt, sie kennte und wüßte nichts, nochmals auf=
gezogen, sie gerufen: O wehe, wehe! ist aber bald
ganz stille worden, ist wieder niedergesetzt und ganz
stille blieben, die Schrauben aufgeschraubet. — Die
Schrauben höher zugeschraubet, sie laut gerufen und
geschrien, ihre Mutter unter der Erde sollte ihr zu
Hilfe kommen, ist bald ganz stille worden und hat
nichts reden wollen. Härter zugeschraubet, worauf
sie anfangen zu kreischen und gerufen, sie wüßte
nichts. An beiden Beinen die Schrauben höher ge=
setzet, daran geklopfet, sie gerufen: Meine liebste
Mutter unter der Erden, o Jesu; komm mir zu
Hilfe! Am linken Bein zugeschraubet, sie gerufen,
sie wäre keine Hexe, das wüßte der liebe Gott, es
wären lauter Lügen, die von ihr geredet worden.
Die Schraube am rechten Beine härter zugeschraubet,
anfangen zu rufen, aber stracks wieder ganz stille
worden. Hierauf ist sie hinausgeführt worden vom
Meister, ihr die Haare abzumachen. Darauf er,
der Meister kommen und referiert, daß er das Stigma
funden, in welchem er eine Nadel über Glieds tief

13*

gestochen, welches sie nicht gefühlet, auch kein Blut
herausgangen. Nachdem ihr die Haare abgeschoren,
ist sie wieder angeseilet worden an Händen und
Füßen, abermals aufgezogen, da sie geklaget — —,
ist wieder ganz stille worden, gleich als wenn sie
schliefe. Die Schraube am rechten Bein wieder zugeschraubet, da sie laut gerufen, die linke Schraube
auch zugeschraubet, wieder gerufen und stracks ganz
stille worden, und ihr das Maul zugegangen. Am
linken Bein zugeschraubet, worauf sie gesagt, sie wüßte
von nichts, wenn man sie schon tot machete. Besser zugeschraubet am rechten Bein, sie gekrischen, endlich
gesagt, sie könnte nichts sagen, man sollte sie auf die
Erde legen und totschlagen. Am linken Bein zugeschraubet, auf die Schrauben geklopfet, hartter zugeschraubet, nochmals aufgezogen, endlich ganz wieder
losgelassen worden. — Meister Christoffel, der Scharfrichter, berichtet, als sie peinlich Beklagtin die Haare
abgeschnitten, habe sie an seinen Sohn begehrt, daß
man sie doch nicht so lange hängen lassen möchte,
wenn sie aufgezogen wäre."

Die Standhaftigkeit dieser Frau ertrug alle
Grade der Folter. Es war von ihr kein Geständnis zu erpressen, und da man auch sonst keine Be-

weise gegen sie hatte, mußte sie endlich entlassen werden. Aber im folgenden Jahre, da man weitern
Verdacht zu haben vermeinte, wurde sie abermals
gefänglich eingezogen und noch entsetzlicher gemartert.
Sie wurde viermal aufgezogen, sechzehnmal wurden
die Schrauben so weit geschraubt, als es nur möglich war, und da sie wiederholt in Starrkrampf ver-
fiel, so wurde ihr mehrmals mit Werkzeugen der
Mund aufgebrochen, damit sie bekennen sollte. Bald
betete sie, bald brüllte sie „wie ein Hund". Ihre
Seelenstärke war größer als die Bosheit ihrer Peiniger. Endlich wurde die unglückliche Frau mit Landes-
verweisung entlassen.

In der Erzdiözese Köln erstreckte sich die Hexenverfolgung in der zweiten Hälfte des 16. Jahrhunderts
über alle Schichten der Gesellschaft. Namentlich auch
in Bonn fing man an „stark zu brennen". Der
Pfarrer zu Alfter schreibt hierüber: „Es geht gewiß
die halbe Stadt drauf. Denn allhier sind schon
Professores, Candidati juris, Pastores, Canonici
und Vicarii, Religiosi eingelegt und verbrannt . . .
Der Kanzler samt der Kanzlerin und des geheimen
Secretarii Hausfrau sind schon fort und gerichtet.
Am Abend unserer lieben Frauen ist eine Tochter

allhier, so den Namen gehabt, daß sie die schönste und züchtigste gewesen von der ganzen Stadt, von neunzehn Jahren, hingerichtet, welche von dem Bischofe selbst von Kind an auferzogen."

Ein Hexenrichter in Fulda, Balzer Voß, rühmte sich, er habe allein über 700 beiderlei Geschlechts verbrennen lassen und hoffe, es über 1000 hinauszubringen. Mit der Ausrottung der Hexen betraut war das Stadtgericht zu Fulda, die „Müntz" genannt. Voß wurde als Malefizmeister bestellt und brachte die Tortur in der denkbar unmenschlichsten Weise zur Anwendung. Viele Gefolterte starben während der Tortur oder unmittelbar nach derselben. Viele machten im Kerker aus Verzweiflung ihrem Leben selbst ein Ende.

Ein verhaftetes Weib ließ er in ein abscheuliches Gefängnis, in einen Hundestall am Backhause des Fuldaer Schlosses einsperren, in grausamer Weise an Händen und Füßen fesseln und nötigen, durch ein niedriges Loch auf allen Vieren wie ein Hund zu kriechen, worin sie dann gekrümmt und gebückt, elendiglich hockend, sich weder regen, bewegen, aufrecht stehen, noch des leidigen Ungeziefers erwehren konnte.

In einer Beschwerde gegen diesen Unmenschen

ist gesagt, daß er die Folter solange wiederholen lasse, bis die Leute gestehen oder ganz ohnmächtig werden, wodurch er mehrere ganz gelähmt, ja sogar ums Leben gebracht habe. Daß er die Leute nach wiederholter, oft viermaliger Folter in abscheuliche Gefängnisse werfen lasse. Daß er schwangere Weiber nicht einmal verschone. Daß er die Leute mit selbsterfundenen Instrumenten peinigen lasse, wie z. B. mit einem, wie ein Messer zugeschnittenen Holze; dann auch mit brennenden Fackeln über den Rücken und andern bisher unbekannten Tormenten. Daß er die Valentine Wächter dergestalt peinigen ließ, daß sie dieselbe Nacht noch mit Tod abging.

Regelmäßig pflegte Voß, wenn er aus einer der Unglücklichen ein Geständnis herausgepreßt hatte, noch zu fragen: Besinne dich, ob in der und der Gasse nicht noch etliche wohnen, die Zauberei treiben. Zeige mir sie an und schone sie nicht. Andere haben dich auch nicht geschont. Die Reichen tanzen so gern, wie die Armen u. s. w.

Für jede Verurteilung, wie für jede Freisprechung mußten ihm beträchtliche Summen gezahlt werden — in den 3 Jahren nahm er auf diese Weise 5393 Gulden ein.

In Nassau war die Hexenverfolgung seit 1628 in vollem Gang. In den Dörfern wurden Ausschüsse bestellt, welche alle wegen Hexerei verdächtigen Personen den im Lande herumziehenden Hexenkommissären anzeigen sollten. Bald füllten sich alle Kerker mit Unglücklichen, welche auf der Folter alle Greuel der Hexenversammlungen bekennen mußten. Die heftigste Aufregung hatte das Volk erfaßt, so daß manche sich selbst als Hexen angaben. Ein Mädchen aus Amdorf bekannte sich selbst bei ihrem Vater als Hexe, der sich infolge dessen in seinem Gewissen dazu gedrängt fühlte, die eigne Tochter zur Anzeige zu bringen, worauf das Mädchen schon nach 10 Tagen hingerichtet wurde.

Selten dauerte ein Prozeß über 14 Tage, indem man mit der Tortur alles rasch fertig brachte. Nicht wenige starben aber in den Kerkerlöchern infolge der erlittenen Tortur oder durch die unmenschliche Behandlung in den Gefängnissen.

So ging es im Nassauer Lande jahrelang zu; in allen Gegenden schleppte man Verurteilte zu den Scheiterhaufen. Allein in Dillenburg wurden damals 35, in Driedorf 30, in Herborn 90 Personen hingerichtet. Bald war keine Frau und kein Mädchen im Lande vor Kerker und Folter mehr sicher.

Die in dem nassauischen Staatsarchiv zu Jd= stein aufbewahrten Akten beweisen, daß Hexenfurcht und Verfolgung durch das ganze Jahrhundert fort= währte.

Eine Witwe Hennemann von Niederseelbach wurde — auf Angabe einer andern Gefangenen — eingezogen. Unter den entsetzlichsten Schmerzen der Tortur sagte sie, sie müsse wider ihr Gewissen reden, wenn sie der Zauberei geständig sein wolle. — Unter den Schmerzen der Folter geriet sie in eine Art Er= starrung, daß sie reden wollte, aber nicht konnte. Sobald sie aber die Sprache wieder erhielt, bekannte sie sich zu allem, was man von ihr wissen wollte.

Eine weitere Angeschuldigte, Margarethe, Georg Hartmanns Ehefrau von Heftrich, stellte alles ent= schieden in Abrede, wisse nichts, als von ihrem lieben Herrn Jesu, habe mit dem Teufel nichts zu thun. Dabei blieb sie auch unter allen Graden der Tortur, von den Beinschrauben an bis zu der Daumenpresse, wurde aber noch 4 Monate im Ge= fängnis behalten.

Von einer Witwe Weyland wird berichtet: diese

arme Person war längere Zeit so traurig umher=
gegangen und hatte dadurch bei den Richtern den
Verdacht erweckt, als halte sie sich selbst nicht sicher.
Als sie daher in dem peinlichen Verhöre darauf
befragt wurde, antwortete sie: „warum sie nicht sollte
traurig sein, da sie eine Wittwe sei?“ Sie habe,
während die bereits eingezogenen Personen nach der
Kanzlei geführt worden, hinter dem Fenster gestan=
den und gebetet. Das sei von ihnen bemerkt wor=
den, und aus Haß sei sie nun von denselben ange=
klagt; sie wurde hingerichtet.

Die Pfarrerin von Heftrich, in verschiedenen
Verhören von Gefolterten als Hexe bezeichnet, die
bisher ganz unbescholtene Gattin eines nahe an
30 Jahre im Amte stehenden geachteten Geistlichen,
wurde (1676) gefänglich nach Idstein gebracht und
in den hohen Turm abgeliefert.

Diese gab an, sie stamme von ihrem Vater und
ihren Altvätern her aus Pfarrers=Geschlechte und
habe auch einen Pfarrer geheiratet. Es würden ihr
diese Hexereien aus Haß und Neid nachgeredet, weil
ihr Mann allezeit wider dieses Laster gepredigt habe,
daher ihr die bösen Leute gehässig seien.

Vom Scharfrichter am linken Fuße mit Schrauben

angegriffen, beteuerte sie unter großem Geschrei und Heulen ihre Unschuld: sie wüßte nichts zu sagen, als von ihrem lieben Herrn Jesu. Hierauf wurde die Unglückliche auch am rechten Fuße geschraubt, worauf sie unter Jammern und Schreien ausrief, man solle doch nicht so unbarmherzig mit ihr umgehen, sie wäre ja ein Mensch und kein Hund, es geschehe ihr Gewalt. Weil man nichts aus ihr hat bringen können, hat man sie wieder weg ins Gefängnis führen lassen.

Nach 3 Tagen, von neuem peinlich angegriffen, gab sie alles zu, was man ihr nachgesagt hatte. Sie wurde hingerichtet (Schwert). Der Pfarrer mußte persönlich dem Gericht die Kosten der Hinrichtung überbringen.

In Rottweil (am Neckar) wurden im 16. Jahrhundert 42 und im 17. Jahrhundert 71 Hexen und Zauberer verbrannt.

In Eßlingen am Neckar begann im Jahr 1662 eine furchtbare Hexenverfolgung, welche auch die zugehörigen Dörfer Möhringen und Vaihingen ergriff. Wie leicht man es damit zu nehmen pflegte, mag von vielen ein Beispiel zeigen.

Im April 1663 wurde Agnes, die Ehefrau des

Hans Hensche, Webers in Möhringen, einem dem Eßlinger Spital gehörigen Orte verhaftet und nach Eßlingen geführt. Sie war der Hexerei verdächtig. Denn einst, als sie bei einem Taufschmaus war, sprang eine schwarze Katze über den Tisch, alle Anwesenden entsetzten sich, sie allein sagte, sie scheue sich nicht, und trank ihr Glas, worin die Katze ihre Pfote gebracht hatte, aus. Auch wollte man ein Säckchen mit Kindsbeinchen bei ihr gefunden haben, dessen Inhalt indes die medizinische Fakultät in Tübingen für Stärkmehl erkannte. Auf der Folter wurden ihr Geständnisse abgepreßt, weil sie hoffte, dann eher wieder zu ihrem Mann und ihren Kindern kommen zu können, Geständnisse, die sie nachher zurücknahm. Sie hielt nun auch die höheren Grade der Folter aus und wurde auch entlassen mit dem Befehl, das Gebiet der Stadt und des Spitals für immer zu meiden. Sie reiste auch wirklich ab, doch bald übermannte sie die Sehnsucht nach den Ihrigen, sie kehrte nach Möhringen zurück. Man nahm sie aber alsbald fest und brachte sie nach Eßlingen, wo sie mit Ruten gehauen und dann mit der Weisung, wenn sie noch einmal zurückkehre, werde man sie hinrichten, wieder über die Grenze gebracht wurde.

Es wurde mit Prozessen 4 Jahre lang fortgesetzt.

Die massenhaften Hexenverfolgungen waren indes keineswegs eine nur in Deutschland vorkommende Erscheinung. In Frankreich kamen sie in noch früherer Zeit in gleicher Weise vor, in der Schweiz, Italien, Spanien, England, in den Niederlanden, in Schweden und Dänemark fanden sie sich nicht minder. So z. B. wurden in Oberitalien bei einem Hexenprozesse 100 Personen verbrannt; in Como hatte ein Hexenrichter im Jahre 1485 einundvierzig Hexen verbrennen lassen; in Schweden wurden in dem einen Orte Mora im Jahre 1669 allein 72 Weiber und 15 Kinder wegen Zauberei und Bund mit dem Teufel zum Tode verurteilt.

Der Stadtsyndikus Voigt zu Quedlinburg hat in der „Berliner Monatsschrift" von 1784 die ungefähre Zahl der in Europa als Hexen Hingerichteten auf eine Million berechnet. Andere Berechnungen kommen auf mehrere Millionen.

Nicht selten mußte Verdacht der Zauberei den Vorwand abgeben, eine Verfolgung aus politischen oder kirchlichen Motiven einzuleiten. Hiefür nur ein Beispiel.

Im Anfange des 17. Jahrhunderts herrschte in

der Stadt Braunschweig ein aristokratischer Senat
mit großer Härte.   Die Rechte der Bürgerschaft gegen
Uebergriffe dieser Aristokratie vertrat mit kühner und
kräftiger Stimme einer der achtungswürdigsten und
gebildetsten Männer in Braunschweig, der Bürger-
hauptmann Henning Brabant.   Seine Gegner
suchten diese lästige Stimme auf alle Weise zum
Schweigen zu bringen.   Als es nicht gelang, griff
man zu einem Mittel, das in der Hand der Ge-
waltigen jener Zeit selten fehlschlug, zu Einleitung
eines peinlichen Prozesses.   Auf den Umstand, daß
einmal ein Rabe in das Haus Brabants flog, wurde
die Anklage eines Bundes desselben mit dem Teufel
gestützt und diese noch gehäuft mit der weitern Anschuldigung, Brabant habe sich mit dem Herzog gegen
die Rechte des Rats verbunden.   Darauf hin wurde
er verhaftet.   Wohl wissend, welches Schicksal ihm
drohte, suchte er demselben durch Flucht sich zu entziehen.   Er ließ sich vom Gefängnis herab, fiel, brach
ein Bein und wurde wieder in den Kerker zurück-
gebracht.   Nun begann man den Prozeß sofort mit
der Folter.   Auf die unmenschlichste Weise wurde sie
gegen ihn angewendet; z. B. nachdem man ihn an
den rückwärts gebundenen Armen an das Gewölbe

der Folterkammer aufgewunden, hing man an sein gebrochenes Bein ein schweres Gewicht und ließ ihn so eine halbe Stunde frei schwebend hängen, während das Gericht abtrat und im oberen Zimmer sich gütlich that; ja der Scharfrichter war menschlicher als der Rat, indem er das Verlangen, dem Angeschuldigten hölzerne Keilchen unter die Fingernägel zu schlagen, mit der Bemerkung abwies, er müsse doch auch seine Seligkeit bedenken. Eine solche Folter mußte ihren Zweck erreichen; Brabant gestand am Ende alles, was man von ihm wissen wollte, um nur den unerträglichen Qualen ein Ende zu machen, und er wurde sofort zum Tode verurteilt. Und nun die Hinrichtung! Im jammervollsten, durch die Folter herbeigeführten Zustande wurde er auf einem Gerüste auf einen Stuhl festgebunden. Zuerst schnitt man ihm die zwei Finger ab, mit denen er den Bürgereid geschworen; dann riß man ihm viermal mit glühender Zange Stücke Fleisch aus den Armen und der Brust. Darauf setzte ihm der Scharfrichter ein Messer auf den Brustknochen und schlug auf dieses Messer, wie es im Protokoll heißt, langsam mit einem hölzernen Hammer, während Brabant immer laut seine Unschuld beteuerte. Jetzt wurde

ihm der Leib aufgeschnitten — noch lebte er — dann
wurde ihm sein Herz herausgenommen und ins Ge=
sicht geschlagen. Das Protokoll sagt, „er sei in seinem
Gebete still geworden und entschlafen, als man ihm
das Herz ausgerissen."

Achter Abschnitt.

Zur Erklärung.

Wie ist es möglich gewesen, daß Hunderttau=
sende unglücklicher Menschen von den Gerichten als
Zauberer und Hexen verurteilt und hingerichtet wur=
den? Diese Frage wurde seit dem Verschwinden der
Hexenprozesse vielfach aufgeworfen und sehr verschie=
den beantwortet. Manche waren der Ansicht, es sei
lediglich die Anwendung der Folter, welche den
Hexenglauben und die Geständnisse der als Hexen
Verurteilten erzeugt habe.*) Andre geben zu, daß
manche der Angeklagten sich selbst für schuldig ge=
halten haben; allein sie seien in Selbsttäuschung be=
fangen oder betrogen gewesen.

Nun ist allerdings unzweifelhaft, daß ein großer
Teil der Verurteilungen wegen Zauberei auf Ge=

---

*) So namentlich C. G. v. Wächter, in seinem Werke:
Beiträge zur Deutschen Geschichte, insbesondere zur Ge=
schichte des Deutschen Strafrechts (Tüb. 1845), welchem im
übrigen die gegenwärtige Darstellung sich meist anschließt.

ständnisse hin erfolgte, welche durch die Folter erwirkt wurden. Aber wie konnte man dazu kommen,
Anklage auf Zauberei gegen Hunderttausende zu erheben, wenn bei dieser Anklage g a r keine thatsäch-
liche Grundlage vorhanden gewesen?

Im ganzen Volke war Jahrhunderte lang der
Hexenglaube verbreitet, überall lebte die Ueberzeugung,
daß es Personen gebe, die mit finstern Kräften, mit
bösen Geistern, mit dem Satan in Verbindung stehen.

Auch haben manche sich freiwillig angeklagt,
Zauberei getrieben zu haben; sie machten diese Geständnisse aus Gewissensnot und um von dem finstern Bann, der auf ihnen lastete, frei zu werden.

Wie kam nun diese Vorstellung von Zauberei
in unser Volk und in die Christenheit?

Manche Bearbeiter der Geschichte von den Hexenprozessen suchen den Glauben der Deutschen an Zauberei aus dem Orient und von Römern und Griechen herzuleiten: von den Römern soll er den germanischen Völkern zugeflossen sein. Allerdings fand
sich auch im Altertum ein ausgebildetes System des
Zauberglaubens und fast alle Völker können dergleichen Sagen in Menge aufweisen. Aber es ist
für Deutschland nicht nötig, auf den Orient und das

klassische Altertum zurückzugreifen. Die alten Ger-
manen hatten selbst schon und von sich aus ähnliche
Anschauungen. Die Grundlage war ja doch eine
allen Völkern gemeinsame. Wie die uralte Tradition
von Paradies und Sündenfall selbst bei heidnischen
Völkern sich unter allerlei Verkleidung forterhielt, so
auch die Ueberlieferung, daß ein Teil der von Gott
erschaffenen Geisterwelt abgefallen und als Dämonen-
reich in Feindschaft gegen Gott und die ihm anhän-
genden Menschen getreten sei.

Wir begegnen fast bei allen Völkern der Vorstellung, daß untergeordnete böse Geister auf die
menschlichen Verhältnisse einwirken und daß mit Hilfe
jener Geister scheinbar Uebernatürliches gewirkt werden kann.

Manche wollen den Hexenglauben der Deutschen
unmittelbar aus der germanischen Mythologie her-
leiten. Mit dieser mögen wohl unsre Hexensagen
einigen Zusammenhang haben. Aber dieser Zusammenhang ist doch ziemlich lose. Was etwa in einzelnen Nachklängen sich von der deutschen Mythologie
im Volk erhalten hatte, trug man eben auf die
Hexen über.

Doch ist es besonders eine Eigentümlichkeit der

14*

deutschen Hexenverfolgungen, welche mit der germanischen Urzeit zusammenhängt, daß nämlich fast aus-
schließend F r a u e n es gewesen sind, gegen welche sich
die Anklage der Zauberei richtete. Den Frauen war,
wie die Bereitung der Speisen und Getränke, so auch
die Kunde der heilsamen Kräuter und die Wissenschaft
der Arzneien und Salben, die Fertigkeit, Wunden
und Krankheiten zu heilen, überwiesen. Wie sie den
Kräften und Geheimnissen der Natur nachspürten,
so wurde ihnen auch die Kenntnis von allerlei Zaubermitteln zuerkannt. Das Wort Hexe soll ursprünglich eine kluge, kunstreiche Frau bedeutet haben
(nach Grimm, Deutsche Mythologie, in dem Abschnitt
„Hexen"). Schon die ältesten deutschen Rechtsbücher
reden von Z u s a m m e n k ü n f t e n der Hexen zum
Kochen ihrer Zaubermittel und brachten sie in Verbindung mit den heidnischen Opfern und mit der
Geisterwelt der alten Deutschen. An den uralten
Gerichtstagen und Opferfesten, namentlich in der
ersten Mainacht, soll ein Hauptauszug der Hexen auf
die alten Malstätten stattgefunden haben, meist an
den höchsten Punkten der Umgegend.

　　Die ersten Christen standen noch inmitten einer
heidnischen Welt. Wenn sich dieselben daher eines-

teils nicht immer von dem Aberglauben des Heiden=
tums frei halten konnten, so hatten sie andernteils
aus dem Alten Testamente die Ueberzeugung von der
Verwerflichkeit aller Zauberkünste. Ja der Glaube
an einen Gott mußte sie von selbst dahin führen,
daß sie die Göttergestalten der Heiden entweder
für nichtig, oder für den Teufeln verwandt erklärten.
Letztere Auffassung war denn auch bei ihnen die ge=
wöhnlichere; sie hielten dieselben für gefallene Engel,
Dämonen oder Teufel, legten ihnen einen feinen
luftigen Körper bei, „welcher es ihnen möglich mache,
in einem Moment überall zu sein und alles wahr=
zunehmen, was in der Welt vorgehe". Sie sahen in
ihnen Feinde Gottes und der Menschen und glaubten sie
darum vornehmlich bemüht, die Menschheit von der
Verehrung des einen wahren Gottes abzubringen. Zu
dem Zwecke benutzen dieselben ihre Macht und ihre
höhere Erkenntnis dazu, die Menschen durch schein=
bare Wunderwerke zu täuschen und sie dadurch zu
veranlassen, Gott zu verleugnen und ihnen die Gott
schuldige Verehrung zu erweisen. So vermengte sich
bei den ersten Christen der Begriff der Zauberei nach
und nach mit dem Begriff des Götzendienstes, und
es war nur eine naturgemäße Entwicklung der Dinge,

wenn später die römischen Kaiser, welche zum Christen=
tum übertraten, das eine wie das andere bei schwerer
Strafe verboten.

Jemehr sich die Christen jedoch von der Zeit
der Herrschaft des Heidentums entfernten, desto mehr
schwand in ihrem Bewußtsein auch der Glaube an
die wirkliche Existenz der heidnischen Götter. Nur
einzelne Spukgestalten des klassischen und germani=
schen Heidentums hielt der Aberglaube des Volkes
hartnäckig fest.

Namentlich lassen sich die nächtlichen Hexenver=
sammlungen auf heidnische Vorstellungen zurückführen.
Schon bei den Römern findet sich die Sage von
den Nachtfahrten der Zauberweiber im Gefolge der
Diana. Im christlichen Altertum erscheint an Stelle
der Diana oft die Herodias, welche zur Strafe
des an dem Täufer begangenen Mordes ruhelos um=
herziehen mußte.

Diese nächtlichen Hexenfahrten betrachtete die alte
Kirche als ein auf Verblendung der Phantasie be=
ruhendes Hirngespinst. So macht ein (später in
das Corpus juris canonici aufgenommener) Kanon,
welcher im zehnten Jahrhundert in kirchlicher Gel=
tung stand (der sog. Ancyranische Kanon Episcopi),

den Bischöfen zur Pflicht, den Glauben an die nächtlichen Hexenfahrten zu bekämpfen: Es gebe verbrecherische Weiber, welche, durch die Vorspiegelungen und Einflüsterungen des Satans verführt, glauben, daß sie zur Nachtzeit mit der heidnischen Göttin Diana oder der Herodias und einer unzählbaren Menge von Frauen auf gewissen Tieren reiten, über vieler Herren Länder heimlich und in aller Stille hinwegeilen, der Diana und Herodias als ihrer Herrin gehorchen und in bestimmten Nächten zu ihrem Dienste sich aufbieten lassen. Dieses verkünden sie andern, und so habe eine zahllose Menge, getäuscht durch die falsche Meinung, daß diese Dinge wahr seien, vom rechten Glauben sich abgewendet und einem Blendwerk des Bösen sich hingegeben. Der Satan nämlich, wenn er sich irgend eines Weibleins bemächtige, so unterjoche er sie, indem er sie zum Abfall vom Glauben bringe, nehme dann sofort die Gestalt verschiedener Personen an, und treibe mit ihr, der Verführten, im Schlafe sein Spiel, indem er ihr bald heitere, bald traurige Dinge, bald bekannte, bald unbekannte Personen vorführe.

Ueberall aber wurde die Lehre von den Dämonen in der Kirche festgehalten und ausgebildet.

Nach den Kirchenvätern (Origenes) hausen die Dämonen im dichteren Dunstkreise der Erde. Sie besitzen Leiber. Ihre Körperlichkeit ist aber unvergleichlich feiner, als die der Menschen, wodurch es ihnen möglich wird, in den Geist wie in den Leib des Menschen einzudringen.

Die Götter der Griechen und Römer sollen nichts anders, als Dämonen gewesen sein.

Der Teufel und seine Dämonen sind unablässig bemüht, die ihnen zugänglichen Menschen in ihre eigene Gottlosigkeit und Verdammnis zu verstricken.

Ihr Luftkörper macht es den Dämonen möglich, in die ihnen infolge ihrer Gottlosigkeit zugänglichen Menschen sowohl im wachenden als im schlafenden Zustand einzudringen und ihre Anschläge in die Gedanken der Menschen einzumischen.

Die Kirche lehrte aber auch, daß dem Teufel über den Christen keine Gewalt zustehe. Eines der ältesten kirchlichen Bücher, der „Hirte" des Hermas, sagt: „Den Teufel fürchte nicht; denn durch die Furcht des Herrn wirst du über den Teufel Herr sein; er fürchtet dich, daher fürchte ihn nicht: so wird er vor dir fliehen. Wenn ihr euch zu dem Herrn bekehrt von ganzem Herzen, so werdet ihr die

Gewalt haben, die Werke des Teufels niederzu=
werfen."

Augustin ruft den Gläubigen zu: „Je größer
die Gewalt über die irdische Welt ist, die wir den
Dämonen verliehen sehen, um so fester laßt uns an
dem Erlöser halten, durch den wir uns aus dieser
Tiefe nach Oben erheben sollen."

Die Christen, so lehrte die Kirche, sind gegen
die Anläufe des Satans und der Dämonen durch
Gebet und Glauben gesichert. Vor ihnen müssen
dieselben weichen; aber gerade darum ist die Bosheit
des Dämonenreiches vor allem gegen den Christen
und gegen die Kirche gerichtet, die sie fortwährend
in allerlei Weise zu schädigen und zu verderben
suchen.

Außerdem aber sind sie Feinde des Menschen=
geschlechts überhaupt, weshalb sie den einzelnen Men=
schen unablässig auflauern und sie auf allen nur
erdenkbaren Wegen zu schädigen und zu verderben
suchen.

Um ihre heillosen Anschläge zur Ausführung
zu bringen, teilen sie ihre geheimen Künste nament=
lich gottlosen Weibern gerne mit.

Der Begriff der Zauberei gestaltete sich nach

dem Bildungsgrade und der Anschauung der Völker
verschieden. In Zeiten der Unwissenheit und des
Aberglaubens werden Erscheinungen der Zauberei
beigemessen, die eine aufgeklärtere Zeit auf den
Fortschritt in Erkenntnis und Beherrschung der Natur-
kräfte zurückführt.

Während die ältere Lehre den Zauberern auch
die Macht zuschrieb, allerlei den Menschen sonst un-
mögliche Malefizien auszuüben, ja selbst Hagel und
böse Wetter zu machen, mit ihrem Blick andre zu
schädigen u. dgl., so erklärt die spätere Lehre, namentlich nach der Reformation, diese Anschauung als eine
diabolische Verblendung.

Der Reformator Joh. Brenz sagt in einer
Predigt (1564): daß die Unholde Hagel, Ungewitter
und andre böse Dinge zu machen, zu erregen und
aufzubringen gar keine Gewalt haben, sondern daß
sie vom Teufel damit aufgezogen und verspottet werden, der ihnen weismacht, sie hätten solches gethan.
Denn in dem Augenblicke, wo der Teufel weiß, daß
ein solches Wetter kommen wird, gibt er der Hexe
ein, daß sie ein solches herbeibeschwören müsse, um
sie in ihrem Glauben zu stärken.

Eine besondre, — häufig nicht für strafbar erachtete — Art der Zauberei bildete die Anwendung des Segensprechens und der Sympathie.

Das abergläubische Segensprechen war — namentlich gegen Ende des 16. Jahrhunderts — in Deutschland allgemein verbreitet und im Volksglauben festgewurzelt; es bestand in sinnlosen Reimen, darin der Name Gottes oder der Dreieinigkeit verflochten war. Bei Krankheiten von Menschen oder Vieh holte man vor allem eine Person, die durch Segensprechen heilen könne; die Hebamme soll durch einen solchen Spruch leichte Geburt bewirken u. dgl.

Auch hatten Leute großen Zulauf, von welchen die Sage ging, sie könnten durch Beschwören Pferde oder anderes Vieh, welches abhanden gekommen, wieder herbeischaffen oder den Zauber lösen, dem man das Erkranken des Viehes beimaß.

So finden wir in allen Zeiten bald mehr bald minder hervortretend die Vorstellung verbreitet, daß es zauberische Beziehungen von Menschen zu finstern Geistern gebe.

Kirche und Staat meinten, die Zauberei mit Strafen verfolgen zu müssen, und die öffentliche Meinung des Mittelalters forderte geradezu die Hexenprozesse.

Diese haben vom 17. Jahrhundert an aufgehört. Aber konnte man deshalb alle Vorstellungen von dämonischen Beziehungen für einen eiteln Wahn, eine Ausgeburt des krassesten Aberglaubens erklären?

In Soldans Geschichte der Hexenprozesse (neu bearbeitet von Heppe, Stuttg. 1880. 2 Bde.) ist (Bd. 2, S. 223) die Abnahme und das Aufhören der Hexenverfolgung der Aufklärung des 19. Jahrhunderts zugeschrieben, zugleich aber gesagt: „Die fortschreitende philosophische und naturwissenschaftliche Bildung umkreist jetzt in immer engeren Parallelen die Bollwerke der Finsternis, sprengt eine unterminierte Schanze nach der andern, bis endlich die mündig gewordene Vernunft mit der blanken Waffe der Wahrheit dem Teufel zu Leibe geht und ihn samt seinen Werken und Hexenprozessen, nicht ohne das Jammergeschrei und den Widerstand derjenigen, die ohne den Teufel keinen Gott haben, aus seiner letzten Feste jagt."

Unzweifelhaft waren die Hexenverfolgungen, das ganze Verfahren dabei, die Anwendung der Folter und die Verhängung gerichtlicher Strafen eine schwere Verirrung jener Zeiten. Diese mußte beseitigt werden. Aber ihre Beseitigung war nicht be-

dingt durch die Leugnung der Existenz und Wirk=
samkeit satanischer Kräfte, sondern durch eine rich=
tige Abgrenzung des Gebiets der Strafrechtpflege,
ein Gebiet, in welches die Zauberei als solche nicht
fallen kann. Diese Erkenntnis des 18. und 19. Jahr=
hunderts konnte sich auch ohne den Rationalismus
vollziehen, welcher jene Kräfte selbst wegdemonstrierte
und damit den Satan überwunden zu haben ver=
meinte.

Noch heutzutage ist unser Volksleben in höherem
Maß, als viele ahnen, mit Zauberei durchsetzt.
Segensprechen, Sympathie, Nekromantik, Magie,
Spiritismus, — lauter Erscheinungen, welche aus
der finstern Wurzel der Zauberei hervorsprossen und
es sehr fraglich erscheinen lassen, ob die moderne
Kultur in der That, wie sie sich dessen rühmt, mit
dem Reich der Dämonen aufgeräumt habe.